Gerhard Fries, Roland Gruber
Jürgen Leistikow, Dietrich Buchner, Wolf Lasko
Der erleuchtete Bio-Computer
NLP-Betriebshandbuch Basis

Reihe
Pragmatismus & Tradition
Band 23
Herausgegeben
von Thies Stahl

Gerhard Fries, Roland Gruber
Jürgen Leistikow, Dietrich Buchner, Wolf Lasko

Der erleuchtete Bio-Computer

NLP-Betriebshandbuch Basis

Junfermann Verlag · Paderborn
1993

© Junfermannsche Verlagsbuchhandlung, Paderborn 1993

Cover-Motiv und Text-Illustrationen: Lucas Epret

Satz: adrupa, Paderborn
Druck: PDC – Paderborner Druck Centrum

CIP-Titelaufnahme der Deutschen Bibliothek
Fries, Gerhard:
Der erleuchtete Bio-Computer: NLP-Betriebshandbuch Basis /
G. Fries; R. Gruber; J. Leistikow; D. Buchner; W. Lasko. – Paderborn:
Junfermann, 1993.
    ISBN 3-87387-079-7
NE: Gruber, Roland; Leistikow, Jürgen;
        Buchner, Dietrich; Lasko, Wolf ; GT

ISBN 3-87387-079-7

Inhalt

Vorwort

Unser zentrales Nervensystem – „das Gehirn" – ist ein Bio-Computer mit einem, bisher innerhalb unserer endlichen Vorstellungen, nicht zu definierenden Potential. Dieser Bio-Computer funktioniert als eine unüberschaubare Vielzahl einzigartiger, in den verschiedenen Lernumgebungen – unserer sich über Jahrmillionen erstreckenden Entwicklungsgeschichte – erworbener Hard- und Software-Pakete.

Unser „Gehirn" erscheint uns heute als ein geniales Puzzle antagonistisch und synergistisch arbeitender Teile. Diese Multimind-Struktur eröffnet uns Multiversen und wir befinden uns auf einer unendlichen Reise, deren Un-Endlichkeit sich nur als Negation aller unserer endlichen Vorstellungen beschreiben läßt; vielleicht aber auch so elegant, wie John Grinder (wohlwissend, daß das Universum unendlich ist) es in dem Satz formuliert: „Das Universum ist so groß, wie unsere Fähigkeit es wahrzunehmen."

Denn schließlich geht es nur um das Spiel mit der eigenen Struktur und der Kombination aller Strukturen um uns herum, die Teile von uns sind und deren Teil wir sind: Sich zu vertrauen trauen, das Gewohnte loslassen. Die Schrauben und Verordnungen der Objektivität vergessen. Die Subjektivitäten für wahr nehmen. Lernen, daß nicht alles schmerzlich schwer erarbeitet werden muß. Wie schön ist es, wenn wir uns als Fußgänger durch Quantensprünge fortbewegen.

NLP ist das erste und bisher einzige westliche Psycho-Engineering, das auf der Subjektivität und dem unendlichen Potential der Multimind-Struktur unseres Bio-Computers basiert: Im NLP ist man davon überzeugt, daß jeder über alle Ressourcen verfügt, die er braucht, um seine Probleme zu lösen. Wachstum und Veränderung gehen nicht mehr durch die sonst anscheinend unvermeidlich schmerzhafte Katharsis-Operation vonstatten. Alles was zum Wachsen nötig ist, enthält die Multimind-Struktur von vornherein – es bedarf nur noch der kontextspezifischen Organisation des Potentials. Veränderungen dürfen schnell und leicht gehen, sie dürfen Spaß machen.

So versteht sich dieses Buch, das als Begleitmaterial zum Basiskurs der DGNLP entstanden ist, als „Betriebshandbuch zur Erleuchtung des Bio-Computers." Als Basis für die Übungen zukünftiger Praktiker und Meister.

Dieses Buch geht davon aus, daß Enlightenment Erleuchtung und Erleichterung bedeutet, daß Erleuchtung leicht ist und leicht macht: Es ist leicht sich zu verändern und leicht, immer leichter zu werden.

Um sich wie vom Wind über die Wüste tragen zu lassen, braucht man nur ein wenig Vertrauen. Jeder Zweifel daran wird sich bis zum Ende des Buches in neue, zusätzliche Möglichkeiten verwandelt haben.

I
Einführung

DIE ERFINDUNG DER DENKBLASE

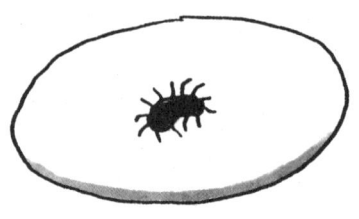

EIN ORGANISMUS BRAUCHT KEIN
BEWUSSTSEIN, UM LEBEN ZU KÖNNE

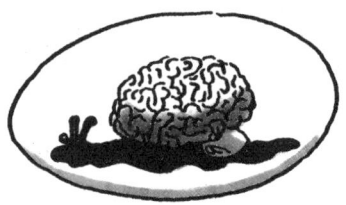

EIN GEHIRN BRAUCHT KEIN
BEWUSSTSEIN, UM DENKEN ZU KÖNNI

NUR DIE HÖHEREN ORGANISMEN
BESITZEN EIN GEHIRN FÜR DIE
DATENVERARBEITUNG; UND NUR UNT
GANZ BESONDEREN VORAUSSETZUN
WIRD DER ORGANISMUS ZU EINEM
DENKENDEN LEBEWESEN

DIE ERFINDUNG DER DENKBLASE
IST NUR EINEM, SICH DES DENKENS
BEWUSSTEN WESEN MÖGLICH

Was denken Sie, was ist das für eine Welt, in der wir leben?

Der Physiker Fritjof Capra sitzt am Meer, er sieht wie die Wellen anrollen, fühlt den Rhythmus seines Atems und plötzlich wird ihm seine Umgebung als Teil eines gigantischen Tanzes bewußt. Als Physiker weiß er, daß der Sand und die Felsen, das Wasser und die Luft um ihn herum sich aus vibrierenden Molekülen und Atomen zusammensetzen. Diese wiederum bestehen aus Teilchen, die durch Erzeugung und Zerstörung anderer Teilchen miteinander reagieren. Ihm ist bewußt, daß unsere Atmosphäre ständig durch Ströme kosmischer Strahlen bombardiert wird, Teilchen von hoher Energie, die beim Durchdringen der Luft vielfache Zusammenstöße erleiden. All dies ist ihm durch seine Forschungstätigkeit in der Hochenergie-Physik vertraut, aber bis zu diesem Augenblick beschränken sich seine Erfahrungen auf grafische Darstellungen, Diagramme und mathematische Theorien. Als er jetzt hier an diesem Strand sitzt, gewinnen seine früheren Experimente Leben. Er „sieht" förmlich, wie aus dem Weltraum Energie in Kaskaden herabkommt und ihre Teilchen rhythmisch erzeugt und zerstört werden. Er „sieht" die Atome der Elemente und die seines Körpers als Teil dieses kosmischen Energie-Tanzes; er fühlt seinen Rhythmus und „hört" seinen Klang und weiß in diesem Augenblick, daß dies der Tanz Schiwas ist, des Gottes der Tänzer, den die Hindus verehren.

Der Erfinder der Denkblase saß ganz still. Er beobachtete seinen Atem. Er fühlte ihn an den Nasenflügeln. Folgte ihm nach innen und spürte, wie er ganz in der Nähe des Nabels einen winzigen Moment lang anhielt, langsam zurück an den Nasenflügel vorbei wieder nach außen

11

strömte und dann erneut anhielt, um gleich darauf den Kreislauf von neuem zu beginnen.

Er saß ganz still, und während er den Atem wahrnahm, spürte er seinen Herzschlag in den Ohren, sah die Berge um sich herum, auch den Schnee, der im Schatten der Felsen noch lange liegenbleiben würde und den Yak Dung, der vor ihm in runden Fladen zum Trocknen in der Sonne ausgebreitet war.

Während er all das wie von selbst in sich aufnahm, einfach weil es da war, gab es niemanden mehr, der innen war und nichts das außen war.

Er hatte die Trennlinie zwischen drinnen und draußen vergessen. Das Innere fließt in das Äußere und das Äußere in das Innere. Die Dohlen kreisen schwerelos, nichts kann sie mehr am Boden halten. Der Himmel ist endlos leicht und wolkenlos. Für einen Augenblick keine Worte, keine Denkblasen mehr.

Dann irgendwo am Ende einer langen Kette unerklärlicher, verborgener Ereignisse ein leises „Plopp". In den endlosen Weiten der elektromagnetischen Felder des Bio-Computers wirft eine sich gnadenlos blähende Denkblase ihren Schatten voraus.

Sein Bio-Computer hatte den Zustand von Zeit-, Raum- und Schwerelosigkeit noch nie gemocht, und so wurde er jetzt von einer chaotischen Flut digitaler Informationen überschüttet, die ihn für einen kurzen Moment in Panik stürzte.

Ihm wurde bewußt, daß er hier auf einem Stein in der Sonne saß, umgeben von einem unentwirrbaren Geflecht verschiedenster Signale, von denen er und sein Bio-Computer nicht einmal den millionsten Teil wahrnehmen oder gar verarbeiten konnten.

Denkblase für Denkblase quoll jetzt Schulwissen aus den Speichern seines Bio-Computers an die Oberfläche: Er überblickte vor seinem inneren Auge das Spektrum der elektromagnetischen Schwingungen, von denen wir zwischen der kosmischen Strahlung mit 10^{28} Schwingungen pro Sekunde und den Rundfunkwellen mit 10^6 Schwingungen nur einen kleinen Teil des Lichtes bei 10^{14} (100000000000000) Schwingungen wahrnehmen und verarbeiten können.

Sein Bio-Computer war nicht mehr zu stoppen. Das Bild eines quergeschnittenen Ohres erschien auf dem Monitor. Widerwillig nahm er zur Kenntnis, daß er Schallwellen zwischen 20 und 20.000 Hertz wahrnehmen konnte. Dann quollen immer schneller Denkblasen mit Daten zur Geruchs- und Geschmackswahrnehmung, zur Heiß- und Kalt-Wahrnehmung und zu seinen Körpergefühlen an die Oberfläche.

Er schloß die Augen und wurde gewahr, wie sich irgendwo in seinem Bauch, tief unter seinem immer schneller schlagenden Herzen, aus all den Denkblasen ein unverdaulicher Knoten schlang.

Er fühlte sich unendlich klein in all diesem Chaos von Informationen. Am liebsten hätte er sich noch kleiner gemacht, um ganz zu verschwinden, woran ihn der Knoten in seinem Bauch aber hinderte.

Ihm war ganz schwarz vor seinen geschlossenen Augen geworden. Er fürchtete sie zu öffnen. Wie wollte er es jemals bewerkstelligen, diese Welt da draußen wieder so zu sehen, wie er sie gesehen hatte, bevor sein Bio-Computer ihn in die Archive seines Schulwissens gestürzt hatte.

Er atmete tief, spürte wie die Luft kühl an seinen Nasenflügeln vorbeistrich und wie der Knoten in seinem Bauch leichter wurde. Zögernd beschloß er nachzusehen, was jetzt draußen los war. Als er zaghaft die Lider öffnet, durchfährt ihn ein elektrischer Schlag. Die Sonne auf den Bergen und dem Schnee. Die Dohlen kreisen schwerelos.

Alles ist so wie es immer war und doch anders.

Alles ein ewiges Wunder.

Alan Watts beschreibt in seinen philosophischen Fantasien die Entwicklung des Menschen anhand seiner Fortschritte in der Kunst der Abbildung und Nachahmung des wirklichen Lebens.

Zuerst ist da der photografische Realismus in der Malerei, ihm folgt die Photographie und die Kinematographie, der Tonfilm, der 3-D-Film und endlich das Fernsehen, das die Nachahmung des Lebens in jeden Haushalt bringt.

Nun hat jemand die Holographie entwickelt und es wird nicht lange dauern, bis von Laserstrahlen projizierte dreidimensionale Gestalten in unsere Wohnstuben treten. Demnächst werden wir auf das Hologramm einer schönen Tänzerin zugehen können und sie umarmen. Aber die Tänzerin wird nicht wissen, daß sie gerade umarmt wird. Sie wird ohne Rücksicht auf die Umarmung weitertanzen. Man wird also eine zusätzliche Technik erfinden um zu erreichen, daß die holographische Tänzerin auf alle unsere Wünsche so reagiert, als wäre sie wirklich.

Wir werden zu Hause sitzen und uns die Tänzerin anschauen. Wir werden dabei von einer Fernsehkamera beobachtet. Diese Kamera wird all das, was wir tun, an einen Computer weiterleiten. Der Computer wird für die Tänzerin sofort entscheiden, welches die Antwort ist, die zu meinem Verhalten am besten paßt. Wird das nicht großartig sein? Vielleicht schlägt dich die Tänzerin, vielleicht küßt sie mich.

Noch ist der Fortschritt aber nicht am Ende. Ich möchte mich mit einem der Hauptdarsteller identifizieren. Ich möchte mir das Drama, das dort über die Bühne geht, nicht betrachten, ich möchte darin aufgehen. Die Technik der Zukunft wird es möglich machen. Wir werden das wirkliche Leben so perfekt nachahmen können, die Abbildung so lebendig vor uns sehen, hören, fühlen, schmecken und riechen, daß wir mit ihr eins werden.

Wenn das in der Zukunft möglich ist – und es ist möglich! – dann entsteht jetzt die Frage: Sind wir etwa heute schon so weit? Wer von uns beiden ist das Hologramm? Kannst du ab und zu auch das Zeilenraster auf deinem hochauflösenden Bildschirm sehen?

Sind wir eine Reproduktion, die sich im Laufe einer langen Evolution als Abbild von etwas anderem, das bereits im Gang war, nachgebildet hat?

Was ist das für eine Welt um uns herum?

Was ist das für eine Welt, die sich da in uns und in unserem Inneren immer wieder abbildet?

Der Erfinder der Denkblase liebte es in Vorstellungen zu leben, die vom allgemein anerkannten Weltbild weit entfernt waren. Er stellt sich vor, daß die DNS in jeder Zelle irgendeines Lebewesens wie eine Antenne funktioniert, daß sie Empfänger irgendwelcher Wellen eines kosmischen Feldes sei.

Heimlich – zumindest sprach er nicht mit jedem darüber – hielt er sich für einen hochkomplizierten Computer, der das Programm, das ein morphogenetisches Feld auf ihm spielte, selber anschauen und auch beeinflussen konnte. Er erlebte sich als komplexe Einheit aus Programmempfangsgerät, Programmkonsument und Programm so aufregend und unterhaltsam, daß er sein TV-Gerät schon lange verschenkt hatte.

Er hatte keinerlei Angst davor verrückt zu sein – ganz im Gegenteil. Er war glücklich darüber, sich selbst in ein System hineingedacht zu haben, das er letztendlich nicht verstehen mußte, aber doch verändern konnte.

Er lebte in einer Denkblase, die er selbst erfunden hatte: Er war der einzige Computer, der sich selbst programmieren konnte.

„Das Universum ist so groß wie unsere Fähigkeit, es wahrzunehmen"

(John Grinder)

Nachdem sich Generationen von Wissenschaftlern vergeblich um Objektivität bemüht haben, leben wir heute in einer Zeit, in der es nützlich erscheint, neue Forschungsgebiete zu schaffen, um das Verständnis des Universums, in dem wir leben, zu erweitern. Dabei geht es nicht um das, was zeitlos wahr ist, sondern um das, was hier und jetzt funktioniert.

NLP ist das unerwartete Produkt der Zusammenarbeit von John Grinder und Richard Bandler, die sich die Aufgabe gestellt hatten, erfolgreiche Kommunikationsmuster zu erforschen und zu formalisieren.

Am Anfang stand die Beobachtung und Analyse der therapeutischen Arbeit Milton Ericksons, Fritz Perls und Virginia Satirs. Heute ist NLP ein explizites und leistungsfähiges Modell menschlicher Erfahrung und Kommunikation, mit dessen Hilfe wir jede menschliche Aktivität detailliert genug beschreiben können, um tiefgreifende und dauerhafte Veränderungen herbeizuführen.

NLP wird heute von Psychotherapeuten, Sozialpädagogen, Ärzten, Heilpraktikern, Management- und Verkaufs-Trainern erfolgreich angewandt.

NLP hat erfolgreich die Struktur der Subjektivität untersucht – aber getreu dem Satz von John Grinder: „Das Universum ist so groß wie unsere Fähigkeit, es wahrzunehmen", wird NLP in der Praxis durch seine Anwender immer weiter entwickelt. Die Struktur der Subjektivität – das Potential von Kommunikation und Kreativität – ist unbegrenzt. Alles ist möglich!

II
Die Struktur der Subjektivität

Wahrnehmung

Wir sind am Universum teilhabende Organismen. Durch unsere Sinneskanäle – durch Sehen, Hören, Fühlen, Riechen und Schmecken – nehmen wir Informationen über unsere Umwelt und unsere inneren Zustände auf. Durch unser Nervensystem werden diese Informationen organisiert, miteinander verknüpft, verstärkt oder abgeschwächt und weitergeleitet. Die Zentrale unseres Nervensystems, das Gehirn, ist ein hochkomplizierter, bis heute noch weitgehend unerforschter Bio-Computer. In diesem Bio-Computer entsteht die Reproduktion unserer äußeren und inneren Welt. Wir wissen nicht, ob diese Reproduktion – diese „Landkarte" – mit der wirklichen „Landschaft" übereinstimmt. Wir wissen aber, daß aufgrund subjektiver Wahrnehmungsprozesse jeder von uns eine eigene „Landkarte" entwirft.

Während in jeder Sekunde mehr als 1000 Informationen auf uns zustürzen und zum größeren Teil auch Eingang in unsere Sinneskanäle finden, können wir höchstens 7 plus/minus 2 Informationen gleichzeitig verarbeiten.

Übung 1

Während Sie jetzt den Text dieser ersten Übung langsam lesen, können Sie sich Ihres Körpers und der Gefühle in ihrem Körper bewußt werden.

Spüren Sie beim Ein- und Ausatmen die Berührung der Luft an Ihren Nasenflügeln. Spüren Sie den Stuhl auf dem Sie sitzen während Sie lesen.

Wie fühlen sich Ihre Kleider auf der Haut an?

Wie fühlt sich das Buch in Ihren Händen an?

Wie halten Sie das Buch, und wie halten Sie Ihren Kopf während Sie jetzt lesen?

Achten Sie auf die Geräusche, die von draußen in den Raum zu Ihnen dringen. Gibt es da einen Geruch im Raum, oder haben Sie einen bestimmten Geschmack im Mund?

Hören Sie das was Sie gerade Lesen als inneren Monolog? Wie hören Sie die innere Stimme, die den Text dieser Übung monologisiert?

Während Sie auf diese innere Stimme achten, sind Sie sich noch immer Ihres Körpers und der Gefühle Ihres Körpers bewußt? Nehmen Sie Ihren Atem noch wahr? Wahrscheinlich ist diese Wahrnehmung schon in dem Moment aus Ihrem Bewußtsein verschwunden, in dem Sie Ihre Aufmerksamkeit auf den Sitzkontakt zwischen Ihrem Körper und dem Stuhl lenkten.

Verhalten

Anatomisch-physiologische Wahrnehmungsfilter und interne, höchst individuelle, unbewußte Verarbeitungsstrategien, die jeder Mensch im Verlauf seiner Geschichte entwickelt hat, helfen uns, einen existenzbedrohlichen Overload zu verhindern. Das Ergebnis der Informationsauswahl – und auch schon die Informationsauswahl und -verarbeitung – nennen wir im NLP Strategien. Am Ende der Strategien steht dann ein gedanklich vorgenommenes oder tatsächliches Verhalten.

Alle sinnlichen Repräsentationen, die innerlich und/oder äußerlich erfahren und ausgedrückt werden, die einem Subjekt und/oder einem Beobachter dieses Subjektes auffallen, definieren wir als Verhalten.

So bezeichnen wir sowohl eine reale Aktion, z. B. den Sprung von einem Sprungbrett ins Wasser, als auch die Vorstellung von einem Sprung ins Wasser als „Verhalten".

Durch unser Nervensystem wird sowohl das Makroverhalten als auch das Mikroverhalten programmiert. Makroverhalten ist offensichtlich und leicht beobachtbar wie z. B. das Fahren eines Autos, Reden, Kämpfen, Erkranken oder Fahrradfahren. Unter Mikroverhalten verstehen wir feinere, aber ebenso wichtige Phänomene wie z. B. die Herzfrequenz, das Redetempo, Veränderungen der Hautfarbe, die Erweiterung der Pupillen und Ereignisse wie das innere Sehen oder das Führen eines inneren Dialoges. Dies bezeichnen wir als „Physiologie" – sie korrespondiert als äußeres Mikroverhalten mit den inneren Strategien.

Verhaltensmodelle

Zu allen Zeiten haben Menschen Systeme oder Modelle entworfen, um unser Lebensuniversum zu verstehen, zu strukturieren und mit ihm fertig zu werden. Diese Modelle zur Organisation und Kodierung von Interaktionen der Menschen in ihrer Umwelt werden Kultur, Religion, Philosophie, Wissenschaft usw. genannt.

Der Unterschied zwischen NLP und anderen Modellen liegt darin, daß NLP ein Modell unseres Verhaltens als Modellbauer liefert. NLP ist ein Meta-Modell: ein Modell des Modellierungsprozesses selbst.

Für das Metamodell „NLP" gibt es viele praktische Anwendungsgebiete. Für individuelle Interaktionen bis hin zu den Dynamiken von Gruppen, Korporationen und Systemen aller Art können die Verhaltensparameter identifiziert, organisiert und programmiert werden, die für die Erreichung spezifischer Ziele wichtig sind.

Wenn die wirren und komplexen Lebenserfahrungen geprüft, entwirrt und geordnet werden, dann bleiben Verhaltenselemente und -regeln übrig, die leicht zu verstehen sind.

NLP beschäftigt sich mit den generativen Prinzipien und Prozessen des Verhaltens und wenig mit den Inhalten, denn die Vielzahl der Inhalte ist häufig kompliziert und verwirrend.

Repräsentationssysteme

Es kann gezeigt werden, daß die Basis der Strategien, mit denen Menschen ihr Verhalten erzeugen und leiten, vor allem die fünf Kategorien sinnlicher Erfahrung sind: Sehen, Hören, Fühlen, Riechen und Schmecken. Komplexe und abstrakte Konzepte wie „Ich" (Ego), „Geist", „Moral" etc., die in anderen Verhaltensmodellen benutzt werden, sind sekundär.

Die Bausteine, aus denen menschliche Verhaltensmuster aufgebaut werden, sind die Wahrnehmungssysteme, mit denen die Menschen Verbindung zu ihrer Umwelt herstellen.

V = visuelles System

A = auditives System

K = kinästhetisches System

O = olfaktorisch/gustatorisches System

Während die Sinne in klassischen Modellen nur als passive Inputkanäle angesehen werden, gehen wir im NLP davon aus, daß die Informationen, die durch jedes dieser Systeme aufgenommen und verarbeitet werden, das Verhalten eines Menschen über neuronale Verbindungen beeinflussen.

Jede Wahrnehmungskategorie stellt einen sensomotorischen Komplex* dar, der für bestimmte Verhaltenskategorien verantwortlich – „response able" – ist.

Die sensomotorischen Komplexe werden beim NLP Repräsentationssysteme genannt. Jedes Repräsentationssystem bildet ein dreiteiliges Netzwerk:

---

* senso = Sinne + motorisch = Verhalten

1. Input
2. Repräsentation/Verarbeitung und
3. Output.

Der Input besteht aus einer Sammlung von Informationen und dem Feedback aus der (inneren und äußeren) Umwelt.

Repräsentation/Verarbeitung umfaßt die Abbildung der Umwelt und die Etablierung von Verhaltensstrategien wie Lernen, Entscheidungen treffen, Informationsspeicherung usw.

Output ist das jeweilige Produkt dieses Abbildungs- und Verarbeitungsprozesses und äußert sich in der Regel als Makroverhalten.

Synästhesie

Die Existenz geordneter Reihenfolgen von Repräsentationen, die wir Strategien nennen, setzt voraus, daß es auf der neurologischen Ebene miteinander verbundene Netzwerke gibt. Diese sind Kreuzverbindungen zwischen Repräsentationskomplexen in dem Sinne, daß die Aktivität in einem Repräsentationssystem die Aktivität in einem anderen System initiiert. Dies wird als Synästhesie bezeichnet.

- Wenn man einen strengen Tonfall vernimmt und sich dabei unbehaglich fühlt, dann ist das ein Beispiel für eine auditiv-kinästhetische Synästhesie.
- Wenn man Blut sieht und einem dabei übel wird, dann handelt es sich um eine visuell-kinästhetische Synästhesie.
- Wenn man Wut verspürt und dafür innerlich jemanden verbal verantwortlich macht, dann liegt ein Beispiel für eine kinästhetisch-auditive Synästhesie vor.
- Wenn man Musik hört und sich eine schöne Szene vorstellt, dann handelt es sich um eine auditiv-visuelle Synästhesie.

Viele Unterschiede zwischen Menschen mit verschiedenen Fähigkeiten können auf Synästhesien innerhalb ihrer spezifischen Erfahrungsbereiche zurückgeführt werden.

NLP identifiziert synästhetische Folgen (=Strategien), die zu spezifischen Ergebnissen führen. Diese sind prinzipiell von Jedermann erlernbar. Dadurch können wir im Grunde genommen jedes Verhalten kopieren: das eines Geschäftsmannes, Wissenschaftlers, Heilers, Athleten, Musikers – jedes Menschen, der etwas gut bewältigt. Wir glauben, daß Jedermann mit den Werkzeugen von NLP in einen modernen „Rennaissance"-Menschen verwandelt werden kann.

Bedeutungszuordnung

Die Aufgabe unseres Bio-Computers ist es letztlich, dafür zu sorgen, daß wir – unser Organismus – leben und überleben; in einer Umwelt, die ständig mit neuen Herausforderungen aufwartet. Erstaunlicherweise hat sich unser Bio-Computer dabei auf eine ganz simple und, wie die Verbreitung des Menschen auf unserem Planeten zeigt, erfolgreiche Art und Weise programmiert:

Jede von außen in das Gehirn gelangende Wahrnehmung, jede visuelle, jede auditive, jede kinästhetische und jede olfaktorische Repräsentation wird vom Bio-Computer als erstes mit einer ganz einfachen Frage überprüft. Die könnte folgendermaßen heißen: *„Hab ich so etwas (Ähnliches) schon einmal wahrgenommen?"*

Mit dieser Frage leitet der Bio-Computer eine Vergleichsoperation zwischen der aktuellen Wahrnehmung und allen im Gedächtnis gespeicherten Wahrnehmungen ein. Zwei Antworten auf diese Frage sind möglich:

1. die Antwort „NEIN"
2. die Antwort „JA"

Lautet die Antwort „NEIN", so verfügt der Bio-Computer über ein genetisch in seiner Grundstruktur fertig angelegtes Programm, das sog. Neugier- oder Ausprobierprogramm. Es sorgt dafür, daß schrittweise immer mehr Informationen über das Neue/Unbekannte aufgenommen werden. Das Unbekannte wird so zu Bekanntem und damit in die innere „Landkarte" integriert. Man kann dieses Programm bei jedem kleinen Kind und bei allen höheren Tierarten beobachten. Es stellt sich als eine Art Wechsel zwischen Annäherung und Rückzug dar; das, was die Schnecke macht, nachdem sie ihre Fühler wegen einer Berührung für einen Moment eingezogen hatte.

Lautet die Antwort „JA", so testet der Bio-Computer mit einer neuen Frage. Die könnte folgendermaßen heißen: „*Mit welchem Gefühl (=vegetative Reaktion) war das damals verbunden?*"

Es wird damit die einmal in der persönlichen Geschichte des Organismus gebildete „Wahrnehmungs-Gefühls-Synästhesie" abgefragt. Das, was wir umgangssprachlich Bedeutung/Bewertung nennen, grob unterschieden in Kategorien von angenehm-unangenehm, gut-böse, gefährlich-ungefährlich, sympathisch-unsympathisch usw., nehmen wir als die Auswirkungen von Aktivitäten des vegetativen Nervensystems wahr. Diese Aktivitäten versetzen uns in einen „Zustand" (engl. = state), der von außen als „Physiologie" zu beobachten ist. Beispielsweise an einer bestimmten Atemfrequenz, oder an einer bestimmten Durchblutung der Haut, oder an einer bestimmten Einstellung des Muskeltonus, oder ... oder (=Kalibrierung). Das entscheidende Element der ersten Abfrage ist, wie die NLP-Forschung zeigt, das, was dort als „Ähnliches" bezeichnet ist. Da nie zwei Situationen im Leben genau gleich sind und die Zeit auch nicht rückwärts geht, muß das Gehirn eine Technik haben, zwischen „ähnlich" und „nicht ähnlich" zu unterscheiden. Die Unterscheidung trifft das Gehirn auf der Ebene der sogenannten „Submodalitäten":

In den Feinunterscheidungen der Sinnesrepräsentationen unterscheidet das Gehirn zwischen „ähnlich" und „nicht ähnlich". Z. B. kann die Stimme eines wildfremden Menschen in ihrer klanglichen Feineinstellung mit der klanglichen Feineinstellung der Stimme meines Vaters übereinstimmen, wie sie war, kurz bevor er mir immer eine Ohrfeige gab. Mein Gehirn erkennt diese Ähnlichkeit und läßt das Gefühls- und Verhaltensprogramm ablaufen, welches sich damals als zweckmäßig erwiesen hat, um optimal mit der drohenden Ohrfeige umzugehen.

Diese Feineinstellungserkennung und das Starten des entsprechenden Programmes macht unser Bio-Computer so schnell, daß es der bewußten Wahrnehmung verborgen bleibt. Wir können uns lediglich einigermaßen fassungslos darüber wundern, daß wir dieser wildfremden Person plötzlich Angst-, Wut- oder Lähmungsgefühle gegenüber empfinden. Und dann gehen wir auf die Suche nach „Gründen" für diese unsere Gefühle. Und die Gründe suchen wir in der Regel nicht in der Programmierung unseres eigenen Bio-Computers, sondern im Denken, Fühlen oder Verhalten der anderen (wildfremden) Person. Nun ja, und wer lange genug sucht, wird bestimmt auch fündig. Und dann haben wir endlich das „Problem", das wir in zu übervoller Arbeit lösen zu müssen glauben.

NLP stellt eine Reihe von potenten Werkzeugen zur Verfügung, diese einmal in der persönlichen Geschichte des Organismus festgelegten Bedeutungszuordnungen zu verändern ... sehr bewußt zu verändern, ohne lange darauf warten zu müssen, daß in der Außenwelt zufällig eine Reizkonstellation auftritt, die den Organismus zu einer spontanen Veränderung der alten Bedeutung veranlaßt (Verliebtsein oder andere „Naturkatastrophen" können hier genannt werden).

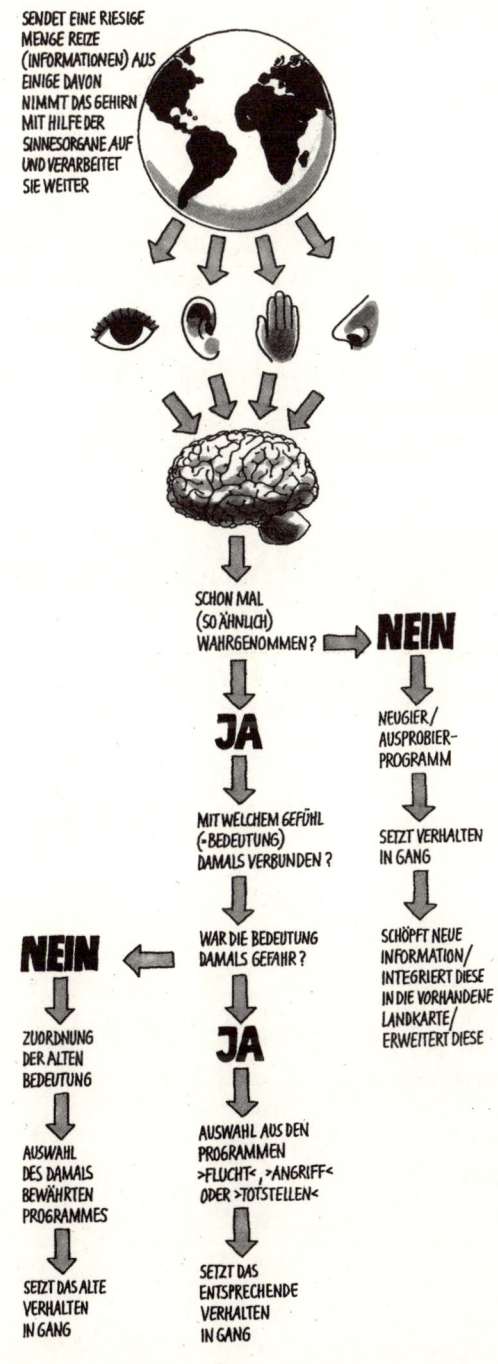

SENDET EINE RIESIGE MENGE REIZE (INFORMATIONEN) AUS EINIGE DAVON NIMMT DAS GEHIRN MIT HILFE DER SINNESORGANE AUF UND VERARBEITET SIE WEITER

SCHON MAL (SO ÄHNLICH) WAHRGENOMMEN?

NEIN

JA

NEUGIER/ AUSPROBIER-PROGRAMM

MIT WELCHEM GEFÜHL (=BEDEUTUNG) DAMALS VERBUNDEN?

SETZT VERHALTEN IN GANG

NEIN

WAR DIE BEDEUTUNG DAMALS GEFAHR?

SCHÖPFT NEUE INFORMATION/ INTEGRIERT DIESE IN DIE VORHANDENE LANDKARTE/ ERWEITERT DIESE

ZUORDNUNG DER ALTEN BEDEUTUNG

JA

AUSWAHL DES DAMALS BEWÄHRTEN PROGRAMMES

AUSWAHL AUS DEN PROGRAMMEN >FLUCHT<, >ANGRIFF< ODER >TOTSTELLEN<

SETZT DAS ALTE VERHALTEN IN GANG

SETZT DAS ENTSPRECHENDE VERHALTEN IN GANG

III
Software für die alltägliche Kommunikationspraxis

Die Prägung der Sprache durch die Erfahrung der Welt über
die Sinne:

Sprechen Sie „Visuell", verstehen Sie „Kinästhetisch" oder hören Sie das Gras wachsen?

Durch unsere Sinneskanäle stehen wir mit der äußeren Welt in Verbindung und jede Wahrnehmung bilden wir in unserer, aus der subjektiven Erfahrung erzeugten Landkarte der äußeren Welt ab. Dadurch wissen wir, welche Bedeutung, welchen Sinn die gerade aufgenommene Wahrnehmung für uns und unser Leben hat.

Für die Kommunikation mit anderen Menschen, sei es in therapeutischer, geschäftlicher, pädagogischer oder sonst einer Absicht ist es förderlich, die individuellen „Landkarten" einander anzugleichen. Umgangssprachlich nennt man diesen Angleichungsprozeß „auf einer Wellenlänge schwingen" oder „sich verstehen" oder „in Resonanz sein" bzw. „eine Sprache sprechen". Es kommt darauf an, daß „die Chemie stimmt".

Die Landkarte wird auch Tiefenstruktur genannt. Sie ist die Repräsentation des Wahrgenommenen. Die Sprache – aber auch Gestik und Mimik – sind Repräsentationen dieser Landkarte, also Repräsentationen der Repräsentation des ursprünglich Wahrgenommenen. Dies nennt man Oberflächenstruktur.

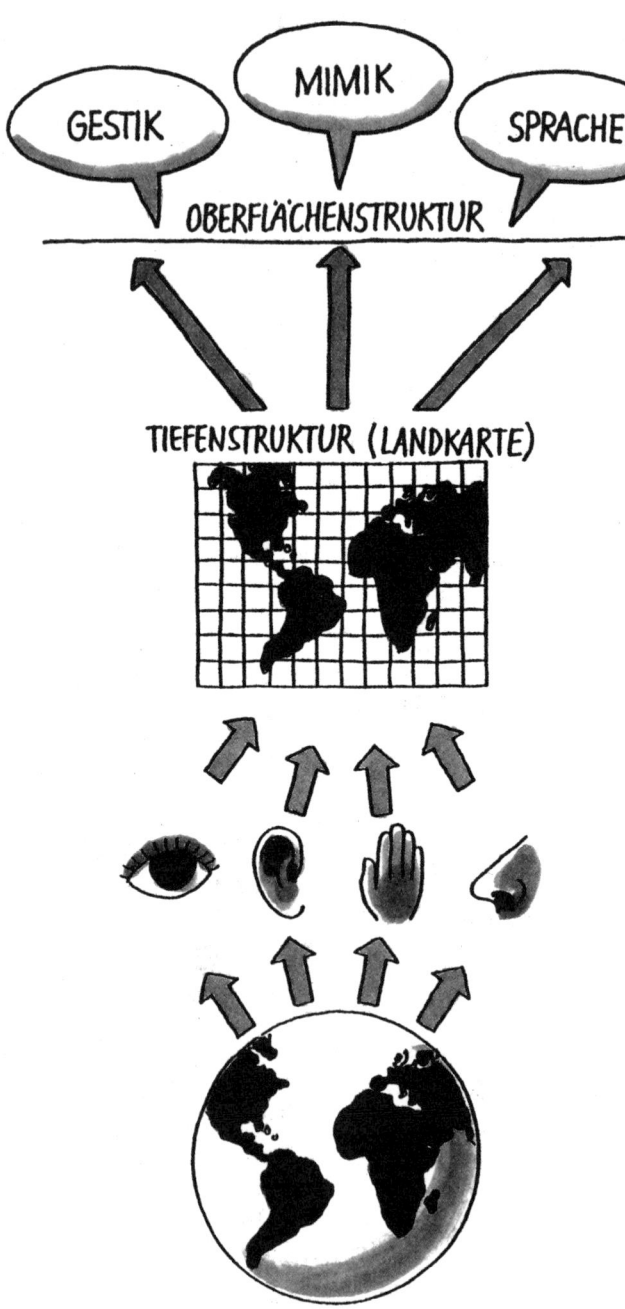

Sinnesspezifische Wortwahl und sinnesspezifische Redewendungen geben Auskunft über die subjektive Struktur der „Landkarte" und über die bevorzugten Wahrnehmungs- und Repräsentationskanäle:

V. – Ein Weltbild, die Abbildung der Welt, spiegelt sich durch die Organisation im *visuellen* Kanal.

A. – Die Harmonie der Sphären, die Unstimmigkeit, eine Dissonanz entsteht im *auditiven* Kanal.

K. – Ein Lebensgefühl, eine aufrechte Haltung, ein Begriff ist die sprachliche Repräsentation des *kinästhetischen* Kanals.

O. – Der Geschmack an den Dingen, der Duft der Welt, die Würze des Lebens repräsentieren den *olfaktorisch-gustatorischen* Kanal.

Bei der Wahrnehmung der Welt bevorzugen die meisten Menschen nur einen oder zwei Kanäle. Das prägt ihre Repräsentation der Welt und ist an ihrer Sprache zu hören. Jeder hat seine Lieblingskanäle, auf denen er besonders gut zu erreichen ist.

Das verdeutlicht die folgende Episode: Ein Seminarteilnehmer erzählt von einer Bergwanderung: „Strahlende Sonne, klarer Himmel, die Berge leuchten, überall Blumen. Dann oben die Hütte, Abendstimmung: stahlblauer Himmel, Licht in der Hütte hochoben; man sieht Leute, die schon da sind; schwerer Aufstieg zum Schluß. Die Knochen tun weh, Blasen an den Füßen, der Schweiß rinnt, der Rucksack drückt. Aber: dieser Himmel, das Licht der Hütte kommt näher."

In welchen Repräsentationssystemen erlebt der Erzähler seine Wanderung? Welche Wertung ist an welches Repräsentationssystem gekoppelt?

Übung 2

Welchen Kanal bevorzugen Sie? (Falls Sie zu Höhenängsten neigen, modifizieren Sie diese Übung bitte.)

Sie stehen auf der Spitze eines schneebedeckten Berges. Der Himmel über Ihnen ist fast dunkelblau. Ein kräftiger Wind, der wie mit Eisnadeln sticht, zerrt an Ihren Haaren. Sie klopfen sich den angebackenen Schnee von Ihren Skischuhen. Mit der Spitze eines Skistockes versuchen Sie, das Eis von den Sohlen zu entfernen. Es ist etwas schwierig dabei, nach hinten gedreht auf einem Fuß stehend das Gleichgewicht zu halten. Sie treten fest in die Bindungen Ihrer Ski, die mit einem metallenen Geräusch einrasten. Sie ziehen sich die Handschuhe über die kalten Finger und versuchen, sich durch einige energische Bewegungen vor der Abfahrt ein wenig aufzuwärmen und beweglicher zu machen. Sie werfen einen letzten Blick auf die Bergwelt um sich herum, stoßen die Stöcke kräftig hinter sich in den Schnee und lassen sich in den Hang fallen...

Haben Sie beim Lesen dieser Beschreibung die Bergwelt und den Himmel deutlich gesehen?

Haben Sie die Geräusche – den Wind in Ihren Haaren, das Abklopfen des Schnees, das Kratzen des Skistockes, das Zuschnappen der Bindungen – gehört?

Haben Sie die Kälte gespürt, haben Sie auf einem Fuß stehend ein etwas wackliges Gefühl gehabt?

Vielleicht haben Sie all das, vielleicht aber auch nur einen Teil wahrgenommen. Einige Repräsentationen waren vielleicht sehr präsent, andere nur ungenau und diffus. Diese Unterschiede in der Wahrnehmung zeigen Ihnen Ihren Lieblingskanal. Er ist in diesem Fall dort, wo die Wahrnehmung am deutlichsten war. In anderen Situationen mag es ganz anders sein.

Wenn diese Unterschiede für Sie nicht eindeutig waren, können Sie in der nächsten Übung anhand der Submodalitäten Ihrer Wahrnehmung genauer feststellen, welches Ihr bevorzugter Wahrnehmungskanal ist. Submodalitäten sind die „physikalischen Steuergrößen" im jeweiligen Repräsentationskanal, z. B.: laut – leise, hell – dunkel usw.

Übung 3

Submodalitäten

Versetzen Sie sich noch einmal in die schneebedeckte Bergwelt und erinnern Sie sich an alles, was Sie dort während des Lesens innerlich gesehen, gehört und gefühlt haben – beantworten Sie dann die folgenden Fragen:

Wie sehen Sie?

Ist das Bild   farbig oder eher schwarz-weiß ...

scharf oder verschwommen ...

nah oder weit weg ...

bewegt wie ein Film oder wie ein Foto ...

hell oder dunkel? ...

Wie hören Sie?

Hören Sie Geräusche oder/und Stimmen? ...

Sind sie eher   laut oder eher leise ...

hoch oder tief ...

nah oder fern ...

in „Stereo" oder „Mono"? ...

Woher kommen die Geräusche bzw. Stimmen? ...

Wechselt deren Richtung? ...

Was fühlen Sie?

Ist es eher   heiß oder eher kalt ...

rauh oder glatt ...

schwer oder leicht ...

naß oder trocken? ...

Lassen Sie sich jetzt auch in den Hang fallen, machen Sie die Abfahrt bei geschlossenen Augen.

Spüren Sie die Bewegung?

Spüren Sie den Rhythmus?

Gehen Sie die Frageliste noch einmal durch und beantworten Sie jetzt alle Fragen noch einmal *für das Erlebnis Ihrer Abfahrt.*

Übung 4

Finden Sie den Lieblingskanal Ihres Gesprächspartners

Für eine effektive Kommunikation ist es wichtig, auf der Wellenlänge zu senden, auf der der Partner auch empfangen kann. Derjenige, der sich auf den bevorzugten Kommunikationskanal des anderen einstellen kann, ist im Vorteil. Er gewinnt Kontakt und Vertrauen (Rapport!) und kann sich besser verständlich machen. Die einfachste und beste Methode um festzustellen, auf welchen Kanal sich jemand spezialisiert hat, ist das Zuhören.

• Suchen Sie sich einen Übungspartner, bitten Sie ihn darum, Ihnen eine besondere Situation aus seinem Leben zu beschreiben. Hören Sie genau zu und führen Sie dabei eine Strichliste für V A K O-geprägte Worte und Redewendungen.

• Verwickeln Sie irgend jemanden durch eine Frage zu einem tagesaktuellen Thema (Sport, Politik, Beruf, Freizeit) in ein Gespräch. Hören Sie genau zu. Führen Sie Ihre V A K O-Strichliste im Kopf.

Mit zunehmender Übung wird es zunehmend einfacher werden, den Lieblingskanal des Gesprächspartners herauszuhören. Mit der Zeit werden Sie lernen, sich automatisch auf jeden Partner einzustellen, um sich ihm in seiner Sprache verständlich zu machen.

Die Sammlung des folgenden Vokabulars wird Ihnen eine Idee davon geben, wie stark unsere Sprache die Erfahrung der Welt durch unsere Sinne repräsentiert.

Visuelle Vokabeln

es sieht so aus
es scheint so
sich ein Bild von etwas machen
den Durchblick haben
es liegt im Dunkeln
es ist unklar
im Trüben fischen
es ist vage und verschwommen
den Blick für etwas haben
aus dieser Perspektive gesehen
es ist einleuchtend
etwas einsehen
es zeigt sich
sich etwas vor Augen führen
etwas aufzeigen
unter diesem Aspekt ...
bildlich gesprochen
es paßt ins Bild
einen Bezugsrahmen erklären
die helle Freude
es geht ihm ein Licht auf
ein erleuchtender Gedanke
ein erleuchteter Mensch
den Wald vor lauter Bäumen
    nicht sehen

etwas einsehen
den Zusammenhang sehen
sich nicht im Stande sehen
es sieht düster aus
Scharfblick
Weitblick
etwas durch die rosarote
    Brille betrachten
kurzsichtiges Handeln
die Grünen
die Roten
die Schwarzen
etwas durchsehen
ein Menschenbild
ein roter Faden
vorsichtig sein
ein Weltbild
eine Nachbildung
Einblick haben
das Licht der Öffentlichkeit
auf den ersten Blick
in Augenschein nehmen
klar wie Kloßbrühe
na klar
ein schwaches Bild abgeben

Auditive Vokabeln

das hört sich so an
das klingt gut
Nachtigall, ick hör dir trapsen
es stimmt
der Knackpunkt
der Groschen ist gefallen
das ist unstimmig
eine schrille Person
im Einklang sein
in Harmonie sein
Resonanz finden
Zwischentöne
eine feine Antenne haben
etwas heraushören
der Tenor einer Sache
sich etwas ins Gedächtnis rufen
eine Erinnerung wachrufen
eine Grundstimmung
was soll das heißen
etwas gutheißen
der Tonfall
der Ton macht die Musik
mein lieber Herr Gesangsverein
einen kleinen Mann im Ohr haben
jemandem den Marsch blasen
jemanden aus dem Takt bringen
das spricht einen an

mißgestimmt sein
dissonant, unstimmig
Übereinstimmung erreichen
tonangebend sein
einstimmig
etwas abstimmen
etwas verstehen
Ja und Amen sagen
eine konzertierte Aktion
dazwischenfunken
erzähl keine Opern
mach mal Sendepause
auf Empfang sein
jemanden totreden
taube Ohren haben
nach Gehör fahren
jemanden beruhigen
vom Donner gerührt
sich etwas zu sagen haben
nichtssagend
etwas bestimmen
das schreit zum Himmel
das pfeifen die Spatzen von
   den Dächern
jemandem einen Dämpfer
   aufsetzen

(In diesem Zusammenhang verwenden auditive Menschen bei ihren Erzählungen viele wörtliche Zitate – wie z. B. ... und dann sagte er: „... ")

Kinästhetische Vokabeln

das Gefühl haben, daß

den Eindruck haben

gefühlsmäßig

etwas begreifen

etwas in den Griff bekommen

das ist nicht zu fassen

eine erdrückende Übermacht

eine beklemmende Situation

im Zusammenhang stehen mit

Fingerspitzengefühl haben

etwas abwägen

eine Liste durchgehen

etwas überstehen

schlaff sein, lasch sein

jemandem auf die Pelle rücken

das macht mir Bauchschmerzen

eine wacklige Angelegenheit

etwas steht an, steht bevor

das bringt mich aus dem Tritt

auf unsicherem Boden stehen

das erschüttert mich

das entzieht sich meinem Zugriff

eine unerträgliche Ungerechtigkeit

mit dem falschen Bein aufgestanden sein

mir ist eine Laus über die Leber gelaufen

sich ausdrücken

der Ausdruck

zugänglich sein

durchgedreht sein

sich winden

eine haltlose Behauptung

auf etwas stehen

das ist hart

jemanden erpressen

es geht hoch her

das juckt mich nicht

ein gestandener Mann

das haut mich um

etwas Nachdruck verleihen

das erschüttert mich

das muß sich setzen

jemanden aufrütteln

es geht drunter und drüber

etwas ins Wanken bringen

eine Streicheleinheit

jemanden wachrütteln

Olfaktorisch/gustatorische Vokabeln

den Braten riechen

das hat einen Beigeschmack

das schmeckt mir nicht

in den Geruch von etwas kommen

ein Gerücht

Geschmack an einer Sache finden

geschmacklos sein

abgeschmackt

einen Riecher für etwas haben

Morgenluft wittern

die Atmosphäre vergiften

der Nase nachgehen

über Geschmack läßt sich streiten

jemandem die Suppe versalzen

das schmeckt nicht nach ihm und
    nicht nach ihr

eine fade Angelegenheit

das stinkt zum Himmel

stinkig sein

jemandem etwas vergällen

jemandem etwas versüßen

verschnupft sein

das hat Würze

eine pikante Geschichte

ein Wermutstropfen

ein ätzender Typ

Ausdunstungen

Übung 5

Lernen Sie die Sprachen Ihrer Sinne sprechen

Werden Sie sich klar darüber, durch welchen Sinneskanal die folgenden Wörter und Redewendungen geprägt sind. Doppelbedeutungen sind möglich.

Übersehen _____

schrill _____

dumpf _____

stumpf _____

Gerücht _____

Rücksicht _____

übereinstimmen _____

vor Augen haben _____

harmonisch _____

Klarheit _____

Härtefall _____

scharf _____

knisternde Spannung _____

Weitsicht _____

mollig _____

knackig _____

unerhört _____

Blickwinkel _____

Verständnis _____

begreifen _____

- Bilden Sie Sätze mit diesen Wörtern und Redewendungen.
- Schließen Sie die Augen und versuchen Sie das, was Sie formuliert haben, zu erleben.

- Versuchen Sie den gleichen Inhalt einem anderen Sinneskanal entsprechend zu formulieren.

Setzen Sie die Übung mit anderen Worten aus dem vorstehenden Vokabular fort. Finden sich mehrere Teilnehmer zu dieser Übung, wird ein Gesellschaftsspiel daraus.

Stellen Sie fest, welches System Sie schon besonders gut entwickelt und verfeinert haben. Machen Sie sich bewußt, daß Sie mit etwas Übung die Entwicklung der anderen Systeme so fördern können, daß sie Ihnen genauso gut zur Verfügung stehen.

Augenbewegungsmuster sind Zugangshinweise
Wie man sieht, daß jemand hört

In der Schlafforschung wurden schon vor längerer Zeit während des traumintensiven Tiefschlafes schnelle und anhaltende Augenbewegungen beobachtet. Korrespondierend zu den Augenbewegungen stellte man im EEG starke α-Aktivitäten fest. Man wußte so ein wenig mehr über den Stoff aus dem die Träume sind und nannte die Phase des traumintensiven Schlafes REM-Phase (Rapid Eye Movement) – eine Übertragung dieser Beobachtungen auf den Wachzustand und unsere „Tagträume" fand aber nicht statt. Niemand interessierte sich dafür, in welchem Zusammenhang die Augenbewegungen mit der α-Aktivität des Gehirns standen, bis es Richard Bandler und John Grinder 1974 auffiel, daß Patienten, denen bestimmte Fragen gestellt wurden, vor der Formulierung der Antwort immer wieder die gleichen Augenbewegungsmuster zeigten. Die Augenbewegungen konnten in direkten Zusammenhang mit dem durch die Fragen angesprochenen Repräsentationssystem gebracht werden.

Insgesamt wurden 7 Augenpositionen beobachtet und konnten als Zugangshinweise zu den Repräsentationssystemen V, A und K hinlänglich sicher zugeordnet werden. Damit stand – neben den Repräsentationssystemen „per Hören" – nun ein weiterer Zugang „per Sehen" zur Verfügung, der es erlaubt, Hinweise darauf zu bekommen, wo Menschen sich innerlich befinden.

V^k visuelle konstuierte	V^e visuelle erinnerte
Vorstellungen	(eidetische) Vorstellungen

("Augen defokussiert und unbewegt" ist ebenfalls ein Hinweis für visuellen Zugang)

A^k auditive konstruierte Klänge/	A^e auditive erinnerte Klänge/
Geräusche oder Worte	Geräusche oder Worte

K kinästhetische Empfindungen	A^d innere Dialoge
(zusätzlich Geruch und	
Geschmack)	

Diese in der Abbildung dargestellten Zugangshinweise gelten für den „normal organisierten" Rechtshänder, bei Linkshändern sind sie meist spiegelbildlich zu beobachten. Es gibt sowohl bei Rechts- als auch bei Linkshändern Ausnahmen von dieser „Regel" – aber selbst bei Menschen, die total abweichend organisiert sind, haben die Augenbewegungsmuster eine Systematik.

Die Sprache – sofern sie durch ein Repräsentationssystem spezifiziert ist – zeigt an, was bewußt ist. Die Worte weisen darauf hin, welchen Teil ihres komplexen inneren Prozesses die Person ins Bewußtsein bringt.

Die Augenbewegungsmuster zeigen die Sequenz der Zugangssuche, die unbewußte Strategie, durch die eine Person Zugang zu einer Antwort auf eine Frage, Zugang zu einer Problemlösung sucht. In den meisten Fällen wird diese Zugangssuche, wie in den folgenden Beispielen, auf dem direkten Weg erfolgen:

Welche Farbe hatte das Haar deiner Mutter, als du sie neulich gesehen hast?

 V^e

Wie würde deine Mutter mit grünem Haar aussehen? V^k

Wie klingt die schönste Stelle deines Lieblingsliedes? A^e

Wie würde sich dein Lieblingslied mit Kirchenglocken im Hintergrund anhören? A^k

Wie fühlt sich Schnee in der Hand an? K

Wie klingt deine Stimme, wenn du innerlich mit dir selbst sprichst? A^d

Bei einigen Leuten kommt es aber vor, daß sie, wenn man ihnen eine Frage stellt, diese zuerst als inneren Monolog wiederholen und dann erst mit der Zugangssuche beginnen.

A^d

Wenn die Fragen nicht eindeutig oder zu umständlich gestellt werden, kann es für den Beobachter zu verwirrenden Bewegungsmustern kommen. Auf die Frage „Kannst du dich an das letzte Mal erinnern, als du gespürt hast, wie es ist im Wasser zu schwimmen?" könnte man folgende Reaktion bekommen:

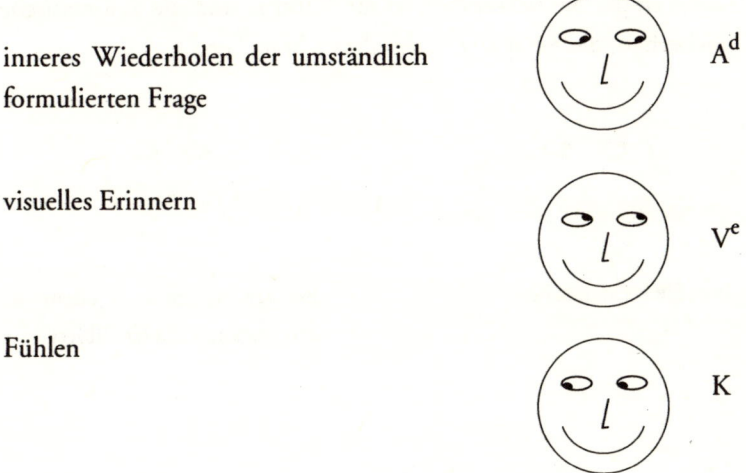

inneres Wiederholen der umständlich formulierten Frage — A^d

visuelles Erinnern — V^e

Fühlen — K

Auf jeden Fall ist auf die oben gestellte Frage ein zweiteiliger Prozeß – zuerst das Erinnern und dann das Nachspüren – zu erwarten.

Auf Fragen, die mit unspezifischen, keinem Repräsentationssystem zuzuordnenden Verben gebildet werden, kann es auch keine spezifischen Antworten geben. Worte wie denken, meinen, glauben, sich bewußt sein, wissen, gewahr werden etc. sind unspezifisch. Sie sollten nicht benutzt werden, wenn spezifische nonverbale Antworten erwartet werden.

Übung 6

Die Schema-Zeichnungen auf den folgenden Seiten bilden jeweils einen Zugangshinweis zu einem Repräsentationssystem ab. Gehen Sie mehrmals durch diese Übung hindurch und steigern Sie dabei das Tempo. Sie bekommen so die Routine und die automatische Sicherheit, die Sie später in der Praxis brauchen.

Sie werden sehen.

Sie werden sich nach jedem Durchgang sicherer fühlen.

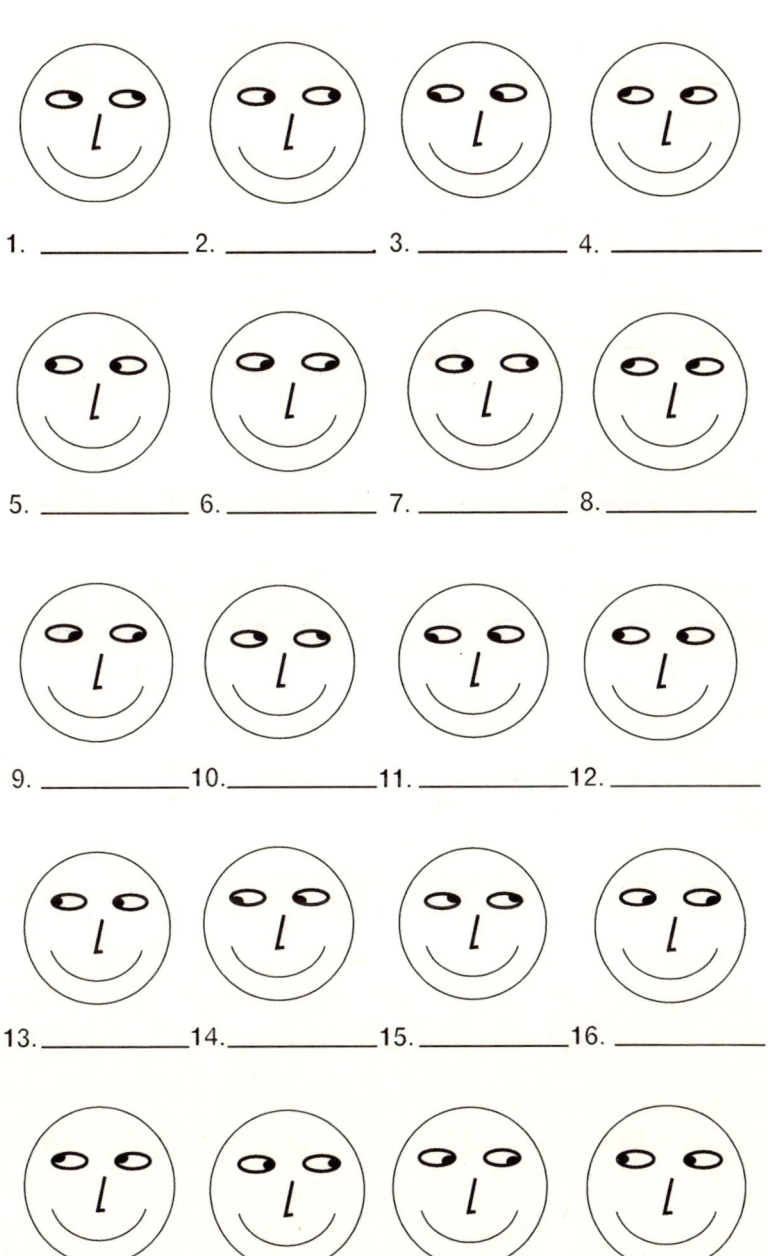

1. _____ 2. _____ 3. _____ 4. _____

5. _____ 6. _____ 7. _____ 8. _____

9. _____ 10._____ 11. _____ 12. _____

13._____ 14._____ 15. _____ 16. _____

17._____ 18._____ 19. _____ 20. _____

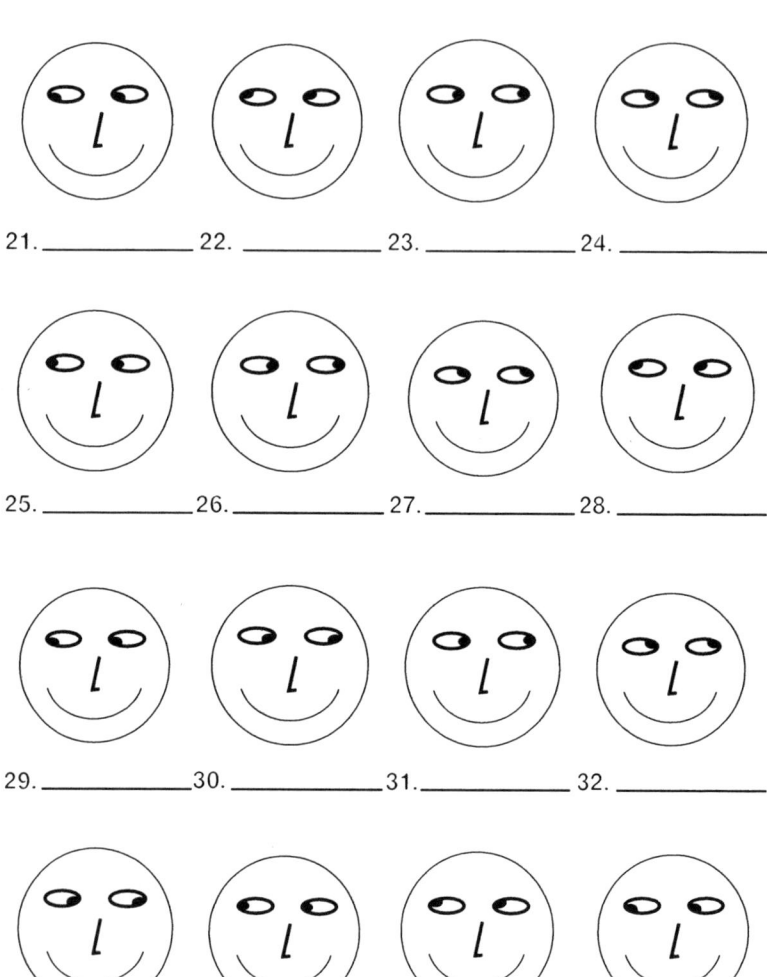

21. _____ 22. _____ 23. _____ 24. _____

25. _____ 26. _____ 27. _____ 28. _____

29. _____ 30. _____ 31. _____ 32. _____

33. _____ 34. _____ 35. _____ 36. _____

Übung 7

Gehen Sie den nächsten Schritt in Richtung Praxis, suchen Sie sich einen Partner und stellen Sie ihm gezielte, so wie in den folgenden Beispielen beschriebene Fragen.

Beobachten Sie seine Augenbewegungen und stellen Sie fest, ob seine Augenbewegungsmuster abweichend von der Regel organisiert sind.

Achten Sie darauf, Ihre Fragen präzise und eindeutig zu formulieren.

Sie werden immer Antworten erhalten, vorausgesetzt, Sie haben den sensorischen Apparat, um sie zu bemerken.

Wenn Sie über die Augenbewegungen Antworten bekommen, die Sie nicht einordnen können, fragen Sie Ihren Partner, was er innerlich gemacht hat.

V^e – Beginnen Sie mit Fragen, die eine visuelle Erinnerung verlangen. Z. B.: Welche Farbe haben die Augen deiner Mutter?

V^k – Stellen Sie Fragen, die eine visuelle Konstruktion verlangen. Z. B.: Wie würdest du aussehen, wenn du die eine Hälfte deines Gesichtes grün schminken würdest?

A^e – Stellen Sie Fragen, die eine auditive Erinnerung hervorrufen. Z. B.: Welches Geräusch macht Schnee beim Formen eines Schneeballs?

A^k – Stellen Sie Fragen, die eine auditive Konstruktion verlangen. Z. B.: Wie hört sich dein Lieblingslied mit Kirchglocken im Hintergrund an?

A^d – Geben Sie Anweisungen, die eine innere Stimme/einen inneren Dialog in Aktion bringen. Z. B.: Höre dich selbst „Hänschen-klein" singen.

K – Stellen Sie kinästhetische Fragen. Z. B. : Wie fühlt sich trockenes Laub in deiner Hand an?

Wenn Sie auf Ihre Fragen keine eindeutig klaren Augenwegungen bekommen, stellen Sie schwierigere Fragen, deren Beantwortung von Ihrem Partner mehr Engagement verlangen.

In dieser Übung ist sowohl das genaue Formulieren der Fragen, als auch die Beobachtung des Partners wichtig – beides soll trainiert und so lange bewußt geübt werden, bis es zum automatischen Repertoire wird.

Falls Ihr Partner Sie beim Stellen der Fragen genau beobachtet, wird er schon bevor Sie fragen, an Ihren Augenbewegungen sehen können, auf welches Repräsentationssystem Ihre nächste Frage abzielt.

Übung 8

Beobachten Sie im Fernsehen während einer Live-Sendung – z. B. während einer Talkshow – die Augenbewegungsmuster. Versuchen Sie einen Zusammenhang zwischen den Augenbewegungen und dem gesprochenen Wort herzustellen.

Machen Sie die gleichen Beobachtungen bei einem Interview und bei einem Politiker, der eine Rede hält. Versuchen Sie auch hier einen Zusammenhang zwischen den Augenbewegungen und dem gesprochenen Wort herzustellen. Falls das nicht oder kaum möglich ist, untersuchen Sie die Sprache des Interviewten bzw. des Politikers auf Anhäufungen nicht sinnesspezifischer Prädikate und abstrakte Substantive.

Der Körper spricht seine eigene Sprache

Es ist immer wieder versucht worden, die sog. Körpersprache in inhaltliche Vokabeln zu übersetzen:

* Den Kopf zurücknehmen heißt – daß man reserviert ist.
* Die Arme vor der Brust zu kreuzen heißt, daß man verschlossen ist etc.

Aber die sogenannte Körpersprache funktioniert nicht so, wie Worte funktionieren. Die Signale des Körpers – z. B. Augen- und Körperbewegung, die Atmung, die Stimme etc. – transportieren keine Inhalte so wie Wörter es tun. Die Signale geben Informationen über den Prozeß, der auf verschiedenen Ebenen des Körpers abläuft. Eine inhaltliche Interpretation dieser Signale – jemand ist verschlossen, jemand ist traurig, jemand ist glücklich – ist irreführend, weil sich bei der Interpretation die Prozeßinformation immer mit dem Glaubens- und Wertesystem des Beobachters vermischt.

Es ist auch nicht nützlich, Körpersignale inhaltlich zu interpretieren, denn NLP geht davon aus, daß die Probleme, die Menschen haben, meist nichts mit Inhalten zu tun haben.

Probleme entstehen durch die Struktur, durch die Form, in der Erfahrungen organisiert werden. Das Therapiemachen wird sehr viel leichter und effektiver, wenn der Therapeut nicht mehr auf den Inhalt hört und sich nur noch darauf beschränkt herauszufinden, wie der Prozeß abläuft.

Zum wichtigsten Handwerkszeug gehört in diesem Sinne die Fähigkeit, zwischen Wahrnehmung und Halluzination/Interpretation unterscheiden zu können. Bandler und Grinder sagen dazu:

„Wenn Ihr klar unterscheiden könnt, welche Teile Eurer fortlaufenden Erfahrung Ihr innerlich erzeugt und nach außen verlegt, im Gegensatz zu denen, die Ihr tatsächlich über Eure Sinnesorgane empfangt, so werdet Ihr nicht halluzinieren, wenn es nicht angebracht ist. Es gibt eigentlich nichts, was Ihr halluzinieren müßtet. Es gibt kein Ergebnis in der Therapie, für das Halluzinationen notwendig wären. Ihr könnt strikt bei der sinnlichen Erfahrung bleiben und doch sehr effektiv, durchschlagend und kreativ arbeiten."

Ersetzen Sie Ihre Bemühungen, Körpersignale in inhaltliche Begriffe zu übersetzen, durch ein intensives Wahrnehmungstraining. Sie erweitern so Ihr Bewußtsein, und indem Sie jetzt auf Signale reagieren können, die Sie vorher noch gar nicht wahrgenommen haben, auch Ihren Handlungsspielraum. Bandler und Grinder sagen:

> „Total sinnliche Erfahrung zu haben, ist ein lebenslanges Projekt, und soweit ich weiß, gibt es überhaupt keine Grenzen. Ich sehe und höre heute Dinge und bekomme taktile Informationen, die mir vor zwei Jahren wie außersinnliche Wahrnehmungen vorgekommen wären. Das ist eine Aussage über meine Bereitschaft, Zeit und Energie aufzuwenden, um mich zu trainieren, zu immer feineren Unterscheidungen zwischen internalen und externalen Realitäten zu kommen, jeden Sinneskanal und jedes internale Repräsentationssystem zu verfeinern."

Das Wort Körpersprache ist irreführend, weil es zwischen Wahrnehmung und Halluzination nicht trennt. Wichtig ist herauszufinden, welche Körpersignale einer Person mit ihrer Innenwelt wie genau korrespondieren.

In den folgenden Übungen werden Sie an sich selbst und an Übungspartnern die verschiedenartigsten Körpersignale wahrnehmen.

In den ersten Übungen kommt es darauf an, die Signale einzeln und genau wahrzunehmen, sie sich ins Bewußtsein zu rufen und sie zu benennen. Mit der Zeit, bei fortschreitender Übung, werden Sie Gruppen von Signalen komplex wahrnehmen und sie mit wachsender Erfahrung auch einem bestimmten reproduzierbaren Zustand – einer sogenannten Physiologie – zuordnen können.

In der zweiten Gruppe der Übungen kommt es deshalb auch darauf an, die Wahrnehmungen innerlich so zu speichern, daß Sie bestimmte Zustände komplex wiedererkennen können, wenn sie später erneut auftreten. Das liest sich sicher etwas theoretisch und kompliziert. Deshalb schnell zur Praxis.

Folgende Signale können beobachtet werden und sind von Bedeutung:

- Atmung: Amplitude (Brust-, Bauch- oder Zwerchfellatmung)
- Frequenz und Volumen
- Lippengröße, -spannung, -farbe
- Gesichtsfarbe
- Gesichtsfalten
- Muskeltonus
- Haltung
- unbewußte Bewegungen
- Augen: Blickrichtung, Lichtreflex, Größe, Glanz, Feuchtigkeit
- Stimme: Tonlage, Lautstärke, Timbre, Sprachgeschwindigkeit und -Rhythmus
- Schweißproduktion

Mit fortschreitender Übung werden Sie sich immer leichter auf die Körpersignale kalibrieren, d.h. einstellen können.

Übung 9

Lesen Sie noch einmal die ersten beiden Texte in diesem Buch (S. 11 und S. 12/13). Achten Sie darauf, welche Repräsentationssysteme in den Texten angesprochen werden. Achten Sie auch auf die nicht sinnesspezifischen Prädikate, versuchen Sie diese Prädikate sinnesspezifisch zu ersetzen.

Beschreiben Sie kurz den Unterschied und/oder die Gemeinsamkeiten zwischen den beiden Texten, ohne ein persönliches Urteil abzugeben.

Im Text 1 werden folgende Repräsentationssysteme angesprochen:

_____

_____

_____

_____

_____

_____

Im Text 2 werden folgende Repräsentationssysteme angesprochen:

_____

_____

_____

_____

_____

_____

Übung 10

V Setzen Sie sich bequem vor einen Spiegel. Beobachten Sie, wie Ihr Brustkorb sich beim Einatmen hebt und senkt, wie Ihr Bauch sich beim Einatmen vorwölbt und sich beim Ausatmen wieder zurückzieht. Können Sie sehen, wie sich die Falten Ihrer Kleidung beim Atmen bewegen? Können Sie beobachten, wie sich Ihre Schultern bewegen? Können Sie Bewegungen an Ihren Nasenflügeln oder an Ihren Lippen feststellen?

A Neben Ihnen findet ein Gespräch statt. Hören Sie genau hin – konzentrieren Sie sich aber nicht auf die Worte des Gesprächs, sondern auf die Pausen. Können Sie Atemgeräusche hören? Wie hört sich das Ausatmen an, wie das Einatmen? Machen die beiden Gesprächspartner unterschiedliche Atemgeräusche? Wer atmet schneller, wer langsamer, wer tiefer, wer flacher? Hören Sie genau hin. Werden Ihre Wahrnehmungen genauer, wenn Sie die Augen schließen, selber einen tiefen Atemzug nehmen und sich beim Ausatmen entspannen?

K Schließen Sie die Augen und achten Sie auf Ihren eigenen Atem.

- Atmen Sie langsam oder schnell?
- Tief oder flach?
- Regelmäßig oder unregelmäßig?
- Spüren Sie die Berührung der Luft an Ihren Nasenflügeln?
- Wie fühlt sich diese Berührung an?
- Spüren Sie Ihren Atem tief unten im Bauch?
- Oder oben im Brustkorb?
- Spüren Sie die Bewegungen Ihrer Schultern beim Atmen?

- Spüren Sie die Pausen zwischen dem Ein-, dem Aus- und dem Einatmen?
- Hat sich Ihr Atem während dieser Übung verändert?
- Beschreiben Sie die Veränderung.

Falls Sie diese Übung mit geschlossenen Augen gemacht haben und dabei die Fragen gelesen haben, stimmt etwas nicht. Bitte wiederholen Sie die Übung, nachdem Sie sich die Fragen verinnerlicht haben. JETZT!

V + A + K

Suchen Sie sich einen Gesprächspartner und beobachten Sie während des Gespräches seine Atmung visuell und auditiv. Nachdem Sie seinen Atemrhythmus herausgefunden haben, versuchen Sie sich seinem Atem anzupassen. Werden Sie sich klar darüber, auf welchem Kanal Sie seine Atmung am besten wahrnehmen können. Falls Ihnen die Beobachtung auf einem Kanal schwerfällt, wiederholen Sie den entsprechenden Teil dieser Übung so lange, bis Sie auf beiden Kanälen ähnlich gute Wahrnehmungsfähigkeiten haben.

Übung 11

Setzen Sie sich auf einen Stuhl, beugen Sie sich mit dem Oberkörper ein wenig vor, so daß der Rücken rund wird und die Schultern nach unten hängen. Lassen Sie auch den Kopf hängen. Wenn Sie in der richtigen Stellung sind, gucken Sie jetzt gegen den Fußboden. Bleiben Sie eine Minute so sitzen und achten Sie darauf, wie sich Ihr Körpergefühl verändert. Beschreiben Sie Ihr Körpergefühl:

- im Nacken,
- in den Schultern,
- im Rücken,
- in den Beinen.

Wie fühlt sich Ihr Kopf an?

Beschreiben Sie das Gefühl in den verschiedenen Partien Ihres Gesichtes und in Ihrem Mund. Beißen Sie die Zähne zusammen, wie halten Sie die Zunge?

Jetzt ändern Sie Ihre Sitzhaltung, so daß Ihr Oberkörper aufrecht ist und Ihre Wirbelsäule fast eine Senkrechte bildet. Ihre Blickrichtung ist jetzt waagerecht geradeaus nach vorn. Ihre Hände liegen auf den Oberschenkeln. Ihre Füße stehen nebeneinander auf dem Boden.

Bleiben Sie eine Minute so sitzen, atmen Sie tief und regelmäßig. Achten Sie darauf, wie sich Ihr Körpergefühl verändert. Beschreiben Sie Ihr Körpergefühl:

- im Nacken,
- in den Schultern,
- im Rücken,
- in den Beinen.

Wie fühlt sich Ihr Kopf an?

Beschreiben Sie das Gefühl in den verschiedenen Partien Ihres Gesichtes und in Ihrem Mund.

Übung 12

Suchen Sie sich zwei Partner und verteilen Sie die Rollen A, B und C. A wird sich (ohne sie verbal zu erwähnen) drei unterschiedliche, sehr intensive und angenehme Erlebnisse in Erinnerung rufen. B wird A genau beobachten. C assistiert A und B.

Teil 1

A schließt die Augen und geht in Erlebnis Nr. 1 hinein. Hinein in die betreffende Zeit und den Ort, an dem dieses Erlebnis stattfand.

Nachdem A voll in Erlebnis Nr. 1 angekommen ist, signalisiert er/sie das B durch einen Händedruck oder ein anderes, vorher abgesprochenes Zeichen.

Für A ist es wichtig, sich in seinen Erlebnissen nicht von außen (dissoziiert) zu sehen, sondern aus der subjektiven Perspektive das zu sehen, was er/sie damals auch gesehen hat. Die subjektive Perspektive ist wichtig, damit auch die Kinästhetik wieder erlebt werden kann. Stellen Sie sich als Beispiel das Erlebnis einer Skiabfahrt

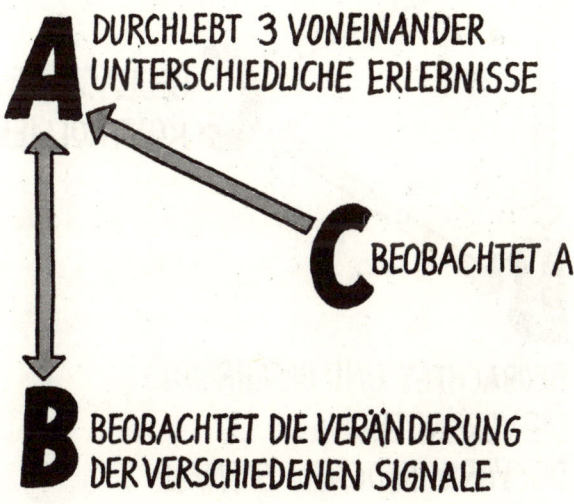

A DURCHLEBT 3 VONEINANDER UNTERSCHIEDLICHE ERLEBNISSE

C BEOBACHTET A

B BEOBACHTET DIE VERÄNDERUNG DER VERSCHIEDENEN SIGNALE

vor. Es ist in bezug auf das kinästhetische Erlebnis ein entscheidender Unterschied, ob die Abfahrt aus subjektiver Perspektive oder von außen erlebt wird. Jedesmal, wenn A sich in ein Erlebnis hineinversetzt hat und sich auch körperlich so fühlt wie damals, drückt er/sie B's Hand. B's Aufgabe ist es, A zu beobachten, während er/sie durch die drei Erlebnisse geht und die Veränderung der verschiedenen Signale wie z. B. Atmung, Körperhaltung, Gesichtsfarbe etc. registriert.

Teil 2
A durchlebt die Situationen 1, 2 und 3 so wie in Teil 1. Diesmal beobachtet B die Veränderungen an A nicht nur, sondern beschreibt sie auch so genau wie möglich. Dabei kommt es auf exakte, sinnesbezogene Beschreibungen an, z. B.: „Die Mundwinkel heben sich, die Gesichtsfarbe wird blasser ..." Das sind Beschreibungen, die es

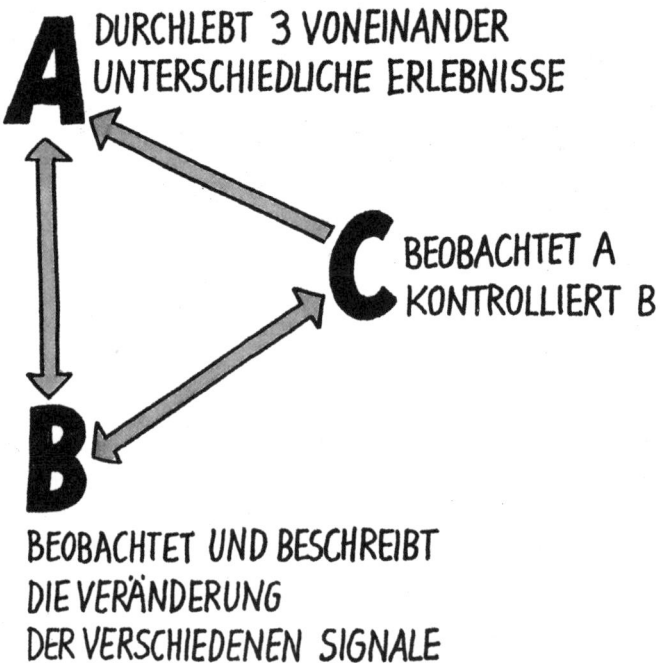

C – der/die sowohl A beobachtet als auch B's Beschreibungen zuhört – möglich machen, das von B behauptete zu verifizieren oder auch nicht. Wenn B z. B. sagt: „Du siehst gerade glücklich aus", so ist das keine sinnesbezogene Beschreibung, sondern ein Urteil. C stellt also sicher, daß B's Beschreibungen sinnesbezogen sind und hinterfragt jede Äußerung, die es nicht ist.

Teil 3

A geht in eines der drei Erlebnisse, ohne es vorher durch die Zahl zu identifizieren. B und C müssen auf Grund der beobachteten Signale herausfinden, durch welches der Erlebnisse A gerade hindurchgegangen ist. A geht in beliebiger Reihenfolge solange weiter durch die drei Erlebnisse, bis B und C in der Lage sind, fehlerfrei anzugeben, durch welches der Erlebnisse A geht.

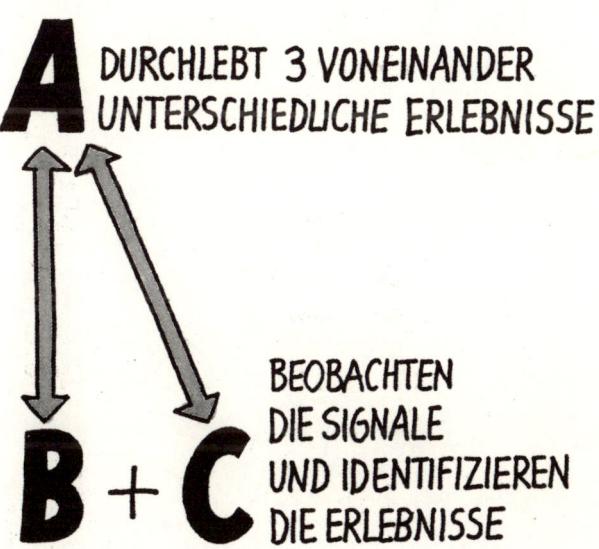

A DURCHLEBT 3 VONEINANDER UNTERSCHIEDLICHE ERLEBNISSE

B + C BEOBACHTEN DIE SIGNALE UND IDENTIFIZIEREN DIE ERLEBNISSE

Diese Übung ist auf nur einen Sinneskanal begrenzt. Sie dient Ihnen vor allem dazu, den visuellen Eingangskanal zu klären und praktisch zu erfahren, welche Signale in welchen Modalitäten Sie heute, am Anfang des Trainings, wahrnehmen können.

Die Übung könnte ebensogut auditiv gemacht werden: A, B und C schließen die Augen. A geht in die Erlebnisse hinein und beschreibt sie mit Tönen. B und C achten auf die Qualität der Töne und die Tempomuster.

Zur einfachen Sortierung der Wahrnehmung hat NLP voneinander abgegrenzte Zustände (engl. = States) benannt, die sich durch gut voneinander unterscheidbare Physiologien auszeichnen:

1. Stuck-State   –   *nichts* geht mehr, blockiert. Stuck heißt „verstockt", alles „stockt", ist festgefahren

2. Problem-State   –   Zustand, aus dem A herausmöchte

3. Separator-State   –   Zustand, in dem die gesamte Wahrnehmung auf das Hier und Jetzt focussiert ist

4. Target(Ziel)-State   –   Zustand, in dem A sich befindet, wenn er/sie das Ziel erreicht hätte

5. Ressource-State   –   Zustand mit Zugriff auf alle nötigen Ressourcen

Stuck-State und Ressource-State sind die zwei Seiten ein und derselben Münze. Dabei enthält der Stuck-State als negative Seite sehr viele Informationen über den Ressource-State.

1 und 2, 4 und 5 sind sogenannte Trance-States (A befindet sich innerlich in einer anderen Zeit und / oder an einem anderen Ort).

Trance-State und Separator-State schließen sich gegenseitig aus.

Der Wechsel von einem Zustand in einen anderen sollte immer über einen Separator-State gehen.

Separator-States contra Stuck-States

Für Übungen, in denen mit negativen, unangenehmen Bildern und Gefühlen gearbeitet wird, ist es wichtig, ein Manöver zu haben, mit dem Sie Ihren Partner aus sogenannten Stuck-States befreien können. Dieses Manöver nennt sich Separator. Es kann natürlich auch eingesetzt werden, um jemanden aus einer positiven Situation auf neutralen Boden zu versetzen. Bevor Sie in die nächsten Übungen gehen, sollten Sie wissen, durch welches Manöver – durch welche Reize auf welchen Sinneskanälen – Sie Ihren Partner aus einem Stuck-State herausholen können.

Übung 13

Bringen Sie Ihren Partner in einen Stuck-State. Fragen Sie ihn, ob er es kennt, sich blockiert zu fühlen, in einer Sackgasse zu sein.

Fordern Sie ihn auf, sich in eine solche Situation zu begeben. Während er sich diese Situation auf allen Sinneskanälen repräsentiert, beobachten Sie sein Gesicht. Sorgen Sie dafür, daß er nicht zu tief in die Sackgasse gerät. Stoppen Sie ihn in seinen Repräsentationsbemühungen schon, wenn er die Mundwinkel und den Kopf ein wenig hängen läßt. Das reicht.

Für das Separator-State-Manöver versuchen Sie, ihn nun über einen Sinneskanal nach dem anderen zu erreichen. Es kommt darauf an, ihn durch eine plötzliche Aktion zu überraschen. Oft reicht schon ein Händeklatschen, ein Pfiff oder eine plötzliche Bewegung, um ihn ins Hier & Jetzt zurückzubringen.

Es ist auch hilfreich, mit jemandem, der im Stuck-State ist, im Raum herumzugehen, aus dem Fenster zu schauen, etc..

Stellen Sie vor den nächsten Übungen auf jeden Fall sicher, durch welches Separator-State-Manöver Sie Ihren Partner erreichen und aus dem Stuck-State holen können.

Kontrollieren Sie den Erfolg Ihres Separator-States an der Veränderung der Stuck-State-Signale zum Normalzustand.

Übung 14

Versuchen Sie, durch Zuhören den Lieblingskanal eines Gesprächspartners herauszufinden, und erzählen Sie ihm dann ein auf diesen Kanal abgestimmtes Erlebnis. Zuerst ein negatives, unangenehmes und dann – quasi als Separator-State – ein positives, angenehmes Erlebnis.

Beobachten Sie während Ihrer Erzählung den Gesichtsausdruck Ihres Gesprächspartners und versuchen Sie, seine Reaktionssignale durch eine möglichst plastische Erzählung weiter zu verstärken.

Diese Übung wird nicht nur Ihre Wahrnehmungsfähigkeit trainieren, sie wird auch Ihre spontane Kommunikationsfähigkeit erweitern. Wenn Sie keine oder nur eine schwache Reaktion bekommen, machen Sie weiter. Der Sinn Ihrer Kommunikation liegt immer darin, eine Reaktion zu bekommen. Lassen Sie sich etwas einfallen.

Wiederholen Sie diese Übung so oft wie möglich – am Anfang sollten Sie sie mindestens einmal am Tag machen.

Übung 15

Bitten Sie Ihren Übungspartner, an einen unangenehmen Menschen in einer unangenehmen Situation zu denken. Bitten Sie ihn, sich diesen Menschen und diese Situation bei geschlossenen Augen so vorzustellen, als würde er alles noch einmal erleben (subjektive Perspektive, nicht dissoziiert!). Bitten Sie ihn auch, sich an die Stimme dieses Menschen und an sein eigenes Körpergefühl in dieser Situation mit diesem Menschen zu erinnern. (Ihr Übungspartner darf Ihnen natürlich im Sinne der Übung nichts von dem erzählen, was er gerade erlebt.)

Beobachten Sie sein Gesicht, seine Körperhaltung, seine Atmung, etc., während er sich die Situation mit diesem Menschen vorstellt. Merken Sie sich die wichtigsten Signale.

Bitten Sie ihn, aus der unangenehmen Situation zurückzukommen, aufzustehen, sich die unangenehmen Erinnerungen aus den Gliedern zu schütteln (Separator) und sich dann, nachdem er sich wieder gesetzt hat, an einen angenehmen Menschen in einer angenehmen Situation zu erinnern. Bitten Sie ihn, sich diesen Menschen und diese Situation so wie eben über die verschiedenen Kanäle in Erinnerung zu rufen. Beobachten Sie ihn und merken Sie sich die wichtigsten Signale. Sie haben sich jetzt durch Ihre Wahrnehmung auf die Signale Ihres Partners in zwei definierten Situationen „kalibriert" – das heißt eingestellt – und können nun mit dieser Kalibrierung weiter arbeiten:

Wenn Sie jetzt Fragen, wie z. B. „Wer von den beiden Menschen ist älter?" stellen, wird Ihr Partner sich erst den einen, dann den anderen Menschen vorstellen und in seiner Vorstellung schließlich bei dem bleiben, der älter ist. Die Repräsentation dieses Menschen ist an eine bestimmte Physiologie gekoppelt, die sich in bestimmten Signalen, z. B. im Gesicht, in der Atmung, etc. ausdrückt. Am

Anfang der Übung haben Sie sich erst auf die negative und dann auf die positive Physiologie kalibriert, so daß Sie jetzt, wenn Ihr Partner über die gestellte Frage nachdenkt, durch die Signale der entsprechenden Physiologie eine nonverbale Antwort erhalten.

Stellen Sie weitere Fragen und lassen Sie sich die Antworten, die Sie auf Grund der Physiologie erraten haben, bestätigen oder korrigieren. Wiederholen Sie die Übung so oft, bis Sie auf eine Trefferquote von mehr als 80 % kommen.

Sicher können Sie sich vorstellen, welche Bedeutung es hat, derartige nonverbale Antworten in der Therapie oder auch in Geschäftsverhandlungen deuten zu können. Dazu brauchen Sie natürlich eine etwas andere „Übungsanordnung": Zuerst kalibrieren Sie sich durch einige belanglose Fragen auf die „Ja-" und die „Nein-Physiologie" Ihres Gesprächspartners und gehen dann, nachdem Sie über das „Wetter" gesprochen haben, zum eigentlichen Gespräch über.

Übung 16

Für diese Übung sind Partys eine gute Gelegenheit. Erzählen Sie, daß Sie aus der Hand lesen können und erklären Sie Ihrem „Übungspartner", um einen guten Kontakt herzustellen, zunächst die wichtigsten Linien der Hand: die Herzlinie, die Lebenslinie, usw.. Während dieser Phase der Übung kalibrieren Sie sich auf das „Nein" und das „Ja", um dann, nachdem Sie sich ein Bild von den Handlinien gemacht haben, Ihre Handlesekunst unter Beweis zu stellen.

Gehen Sie dabei von allgemein üblichen Tatsachen aus: Die meisten Menschen machen Kinderkrankheiten durch, mit 6 Jahren wird man eingeschult, während der Pubertät kommt es oft zu wichtigen Veränderungen, etc.. Bauen Sie auf diesen allgemeinen Daten auf. Sagen Sie z. B.: „In Ihrer Hand zeichnet sich eine Störung im frühen Kindesalter ab. War das nun eine Krankheit ... oder ...". Sicher bekommen Sie bei „Krankheit" ein Ja-Signal. Dann fahren Sie fort: „Dies geschah im Alter von drei ... vier ... fünf Jahren". Warten Sie auf das Ja-Signal und legen Sie sich dann fest. Fragen Sie sich, ob diese Krankheit zu Hause oder im Krankenhaus auskuriert wurde. Warten Sie auf ein Ja- oder Nein-Signal, u.s.w..

Achten Sie darauf, durch positive Äußerungen Ihren Kontakt zu verbessern, dann können Sie bald in die zweite Phase der Übung gehen. Ihr Partner wird es dann nicht merken, wenn Sie nun zu sehr allgemeinen Formulierungen übergehen. Z. B.: „Irgendwann innerhalb der letzten Jahre haben Sie eine sehr wichtige Erfahrung gemacht, in der Sie etwas sehr Wertvolles gelernt haben ..." Denn er weiß, im Gegensatz zu Ihnen, sehr gut über sich Bescheid und kann gar nicht anders, als nun alle Ihre Äußerungen auf seine konkrete Vergangenheit zu beziehen. Je allgemeiner und offener Ihre Prozeßinstruktionen sind – d.h. je mehr er sie mit seinen persönlichen Inhalten füllen kann –, desto faszinierter wird er von der „Präzision" Ihrer Angaben sein.

In einem leeren Spiegel

Spiegeln führt über eine Synchronisation zunächst äußerer Verhaltensweisen zu einer Synchronisation innerer Prozesse (Robert Dilts)

Rapport – Kontakt und Vertrauen – entsteht nicht durch Argumente. Rapport entsteht nur durch die Angleichung der Wellenlängen, denn die gleiche „Wellenlänge" ist erforderlich, damit Sender und Empfänger sich verstehen können.

Der professionelle Kommunikator stellt sich auf die „Wellenlänge" seines Kommunikationspartners ein, indem er sie spiegelt. Dazu braucht er alle Informationen, die er über seine Rezeptionskanäle vom Verhalten seines Partners bekommen kann.

- Er hört auf die Sprache seines Partners und findet dessen Lieblingskanal heraus.
- Er beobachtet den Körper, die Gestik und die Augenbewegungen seines Partners.
- Er beobachtet die Atmung.
- Er hört auf die Stimmqualität.

All diese Beobachtungen spiegelt er. Das bedeutet:
- Er paßt sich in seiner Wortwahl dem Lieblingskanal seines Partners an.
- Er paßt sich in seiner Körperhaltung und seiner Gestik an.
- Er paßt sich in seiner Atmung an.
- Er paßt sich in seiner Stimme an.

Je genauer Sie spiegeln, desto mehr können Sie auch die Physiologie Ihres Partners nachvollziehen. Die Spiegeltechnik ermöglicht es Ihnen, mit Ihrem Partner zu fühlen und sich in den Stand des Mitgefühls zu versetzen.

Einige spiegeln unbewußt nahezu perfekt. Sie kommen mit jedem zurecht. Andere spiegeln so gut wie gar nicht und haben es dementsprechend schwerer.

Spiegeln ist lernbar, es kann bewußt gemacht und geübt werden. Allerdings bedarf es dazu intensiver Übungen, man kann es nicht in wenigen Tagen beherrschen. Zunächst werden leichtere Anwendungen, wie das Spiegeln der Körperhaltung und -bewegung, des Sprechtempos und das Spiegeln des Lieblingskanals in der Wortwahl geübt. Bei ausreichender Praxis werden diese Spiegelungen dann so automatisch wie das Autofahren ausgeführt, so daß bald diffizilere Anwendungen angegangen werden können.

Das Spiegeln ist eine schwere Prüfung für das „Ego". Niemand muß Angst davor haben, durch das Spiegeln seine Individualität zu verlieren, ganz im Gegenteil: jeder kann von der Gewißheit ausgehen, daß sich durch diese Technik seine unverwechselbare Eigenheit, seine Originalität weiter entwickelt. Jeder wird nur so spiegeln, wie es seiner Eigenheit entspricht. Spiegeln ist nicht Selbst-Aufgabe, sondern Entgegenkommen und Harmonisierung.

Und bitte immer so spiegeln, daß der andere sich wohlfühlt! Wenn Spiegeln als „affig" ankommt (z. B. durch Übertreibung), verlieren Sie den Rapport anstatt ihn auszubauen.

Der erfolgreiche Kontakt steht auf der Basis von Gleichheit!

Das Modell DR. KASSIS®

Das Modell DR. KASSIS® ist ein im Managementbereich äußerst erfolgreich angewandtes Kommunikationsmodell. Die einzelnen Buchstaben stehen als Kürzel für die verschiedenen Möglichkeiten der Wahrnehmung und des Spiegelns.

D = Denkstrukturen
R = Repräsentationssysteme

K = Körper, Gestik
A = Atmung, Rhythmus
S = Stimme, Stimmqualität
S = Stimmung, Gefühlslage
I = Inhalt
S = Sprache, Wortwahl

Ein guter Kontakt wird immer dann hergestellt sein, wenn DR. KASSIS® komplett gespiegelt wird.

D – Denkstrukturen spiegeln

Unsere Wahrnehmung ist selektiv: Während tausende von Reizen auf uns eindringen, sind wir höchstens in der Lage, 7 ± 2 gleichzeitig "aufzunehmen". Wahrnehmungsfilter – Programme, die sich im Verlauf unseres Lebens herausgebildet haben – helfen uns dabei, einen lebensbedrohlichen Overload zu vermeiden. Die „Reflektion" der aufgenommenen Reize geschieht ebenfalls über im Laufe unseres Lebens entstandene Programme, in bestimmten Denkstrukturen. Diese Programme sind individuell und meist unbewußt. Sie bestimmen:

- *wie wir wahrnehmen* (das Glas ist halb voll oder halb leer)
- *wie wir uns motivieren* (hin zum Positiven oder weg vom Negativen)
- *wie wir vergleichen* (in Ähnlichkeiten oder in Unterschieden)
- *wie wir uns entscheiden* (fühlt sich gut an, sieht gut aus, hört sich gut an, macht Sinn)
- *wie wir Probleme anpacken* (das Problem definieren oder das Problem lösen)
- etc.

Diese Programme sind zu beobachten und können in der Kommunikation gespiegelt werden. Das bedeutet: der professionelle Kommunikator bemüht sich, in den identifizierten Denkstrukturen „mitzudenken" und wird so die Reaktion seines Gesprächspartners auf einen Vorschlag schon abschätzen können, bevor er ihn geäußert hat. Oder noch besser, er wird seinen Vorschlag so präsentieren, daß er in die Denkstruktur des Partners paßt und positiv beantwortet wird.

R – Repräsentationssysteme spiegeln

Besonders sprachliche Äußerungen, aber auch die Augenbewegungsmuster geben Auskunft über die Repräsentationssysteme, in denen der Gesprächspartner gerade besonders empfänglich ist. Der professionelle Kommunikator nimmt diese Hinweise wahr und spiegelt, indem er sich in seiner Kommunikation besonders auf diese Repräsentationssysteme konzentriert.

K – Körper spiegeln

Unbewußtes Spiegeln der Körperhaltung, der Gestik, der Gesichtszüge, etc. ist alltäglich und kann bei erfolgreicher Kommunikation ständig beobachtet werden. Diese Mechanismen bewußt zu machen und zu nutzen, bereitet anfänglich häufig Schwierigkeiten (Angst vor Manipulation, Nachäffen, Angst, ertappt zu werden, usw.). Aber wo ist hier der Unterschied zum Spiegeln von Inhalten und Sprache? Letzteres sind wir gewohnt, weil wir es über Jahre gelernt haben. Es ist uns in Fleisch und Blut übergegangen.

Um mit dem Ungewohnten besser umgehen zu können und auch, um nicht zu offensichtlich zu spiegeln, können Sie Haltung und Gestik nur tendenziell oder überkreuz spiegeln. Tendenziell heißt, Sie übernehmen die Bewegungen im Rhythmus und in der Dynamik, führen sie aber nicht so ausgeprägt aus wie der Gesprächspartner. Niemand wird sich in der Nase bohren, nur weil er jemanden spiegeln will.

Überkreuz spiegeln Sie, wenn Sie Bewegungsmuster – z. B. Kopfkratzen – an eine andere Stelle übertragen, z. B. kratzen auf dem Handrücken. Überkreuzt werden kann ein Bewegungsrhythmus durch einen Sprachrhythmus und eine Veränderung der Körperhaltung kann durch die Veränderung der Stimmlage gespiegelt werden, etc..

A – Atmung spiegeln

Der autonome Rhythmus eines Menschen wird am ehesten durch die Atmung ausgedrückt. Diesen Rhythmus zu identifizieren und zu spiegeln kann sehr effektiv und tiefgreifend sein. Das ist in den meisten Gesprächen oft schwierig zu erreichen, weil wir uns meist hinter Tischen verschanzen. Am ehesten hilft hier die genaue Beobachtung der sich im Atemrhythmus bewegenden Schultern oder das genaue Hineinhören in die Sprechpausen, in denen dann eingeatmet wird.

S – Stimme spiegeln

Die Ausdrucksformen der Stimme sind ebenso vielfältig wie die Körpersprache. Wesentliche „Submodalitäten" sind Tonlage, Lautstärke, Rhythmus, Tempo etc., die sich situativ verändern können.

Das Spiegeln der Stimme wird nur in seltenen Ausnahmen von dem Gespiegelten wahrgenommen. Es müßte dazu schon verstärkt überbetont sein. Am Telefon kann das Spiegeln der Stimme ein guter Weg zum Rapport sein.

Das Spiegeln der Stimme (Höhe, Tonalität und Tempo) kann auch automatisch ein Spiegeln von Körperhaltung und Atmung induzieren.

S – Stimmung spiegeln

Auf der Basis von beobachtbarem Verhalten wie Körperhaltung, Gestik, Stimme etc. sind Emotionen erkennbar und nachvollziehbar. Sie können das beobachtete Verhalten spiegeln und sich dabei in eine Ihrem Partner entsprechende Physiologie versetzen.

In dieser Physiologie können Sie die Emotionen Ihres Partners mitfühlen. Das gibt Ihnen die Möglichkeit, ihn sehr subtil aber effizient aus einem Stuck-State herauszuholen und ihn durch allmähliche Veränderung Ihrer Körperhaltung, Stimme, Atmung, etc. in Ihre Stimmung zu versetzen.

I – Inhalte spiegeln

Kommunikation wird oft nur oberflächlich und inhaltlich gesehen. Darauf sind wir in unserer Kultur trainiert. Inhaltliches Spiegeln bewirkt Kontakt, so wie jeder andere Spiegel auch. Meist aber ist es nicht sonderlich effektiv.

Ziel für den Kommunikator wird es deshalb sein, gerade bei inhaltlich unterschiedlichen Positionen die „Gemeinsamkeiten" zu finden und hinreichende inhaltliche Überlappungen zu suchen.

S – Sprache, Wortwahl spiegeln

Durch die Prädikate (in Verbindung mit anderen Zugangshinweisen) offenbart sich, wie der Gesprächspartner seine Realität repräsentiert: z. B. visuell durch Bilder (ich sehe), auditiv durch Geräusche oder Stimme (ich höre), kinästhetisch durch Gefühle oder Körperempfindungen (ich empfinde).

Auf die visuelle Repräsentation: „Ich kann das nicht sehen" trifft die auditive Repräsentation: „Hör doch mal genau hin" nicht zu (mismatching). Anders die Erklärung: „Sieh doch mal genau hin". Sie bewegt sich in derselben Repräsentation (matching).

Pacing und Leading

Rapport – Kontakt und Vertrauen ist die Basis jeder gut funktionierenden Kommunikation. Rapport entsteht durch Spiegeln, durch die Angleichung der Wellenlängen. Pacing bedeutet, Sie haben sich auf Ihren Partner so eingestellt, daß Sie ihn in seinem „State" gut spiegeln – jetzt können Sie ihn „abholen", indem Sie Ihre Körperhaltung, Ihre Atmung, Ihre Gestik, Ihre Sprache langsam und vorsichtig verändern. Wenn Ihr Rapport tragfähig ist, wird Ihr Partner nun anfangen, Sie zu spiegeln – ohne sich dessen bewußt zu sein. Und Sie wissen jetzt, daß er bereit ist, sich von Ihnen führen zu lassen.

Achten Sie darauf, daß er die Veränderungen wirklich mitmachen kann. Sie pacen ihn und holen ihn immer mehr in Ihren State.

Kommunikation, die in diesem Sinne funktioniert, ist ein Prozeß von Pacing und Leading. Auch der Prozeß der Hypnose läßt sich als eine Abfolge von Pacing und Leading beschreiben.

Übung 17

Beobachten Sie in einer Kneipe oder in einem Restaurant die Menschen, die zusammen an der Theke stehen und sich unterhalten – oder die Leute, die zusammen an einem Tisch essen. Versuchen Sie für sich die Muster unbewußten Spiegelns zu identifizieren.

Beantworten Sie für sich die folgenden Fragen:
- Wer versteht sich gut mit wem?
- Wer kann wen nicht leiden?
- Wer steigt wann aus dem Rapport aus?
- Bei wem findet ein Pacing und Leading statt?

Übung 18

Bringen Sie Ihren Übungspartner in einen Stuck-State. Spiegeln Sie die wichtigsten für Sie wahrnehmbaren Signale. Versuchen Sie, die Stuck-State-Situation Ihres Partners mitzufühlen und ändern Sie dann langsam Ihre Stimme, Atmung, Körperhaltung, etc.. Achten Sie darauf, daß Ihr Partner Zeit hat, die von Ihnen vorgegebenen Veränderungen nachzuvollziehen.

Stuck-States haben eine gefährliche Sogwirkung und es kann passieren, daß Sie – ohne es zu wollen – plötzlich in den Stuck-State Ihres Partners hineinrutschen. Beobachten Sie sich also auch selbst ganz genau und halten Sie so Distanz zum Stuck-State Ihres Partners.

Alan Watts sagt in seinen philosophischen Phantasien, daß sich jedes Lebewesen für „menschlich" hält. Das heißt, eine Pflanze, ein Virus, ein Wurm, ein Nilpferd, eine Giraffe – alle haben das Gefühl, im Mittelpunkt dieses Universums zu stehen. Sie schauen sich um und haben das Gefühl das Zentrum zu sein.

Sie sind von einer Gesellschaft von Gefährten umgeben, die wie sie selbst aussehen und sie wissen, daß diese Geschöpfe die richtige „Sorte" von Leuten sind – genau wie wir selbst beim Betrachten anderer Menschen wissen, daß das die richtige Sorte ist und daß sie zu uns gehören.

Der Erfinder der Denkblase lebt in einer kleinen subjektiven Welt, die er nur mit Hilfe seiner Sinneswahrnehmungen erweitern kann. Das Universum ist so groß wie unsere Fähigkeit es wahrzunehmen. Treten Sie aus dem subjektiven Mittelpunkt Ihrer Denkblase heraus, verschieben Sie ihn in jede beliebige Richtung. Trainieren und verfeinern Sie Ihre sinnliche Wahrnehmung. Das ist der Anfang und die Basis Ihrer NLP-Praxis.

Penetrante Fragen und wohlgeformte Antworten

Auf der Grundlage unserer konkreten Erfahrungen (VAKO) bilden wir in uns ein Modell der Welt ab. Dieses Modell wird *Tiefenstruktur* (oder „Landkarte") genannt. Schon bei der Entstehung dieser Tiefenstruktur aus unseren konkreten Erfahrungen spielen Transformationsprozesse eine große Rolle. Es kommt zu Generalisierungen, Verzerrungen und Tilgungen. Die „Landkarte" ist also nicht die Landschaft, sondern ein Modell der Landschaft.

Im sozialen Kontext „veräußern" wir dieses Modell als Sprache, Gestik und Mimik, und es findet ein zweiter Transformationsprozeß statt, in dessen Verlauf es bewußt oder unbewußt wieder zu Generalisierungen, Verzerrungen und Tilgungen kommt. Die Sprache ist so das Modell eines Modells – also ein Metamodell, die aus der Tiefenstruktur entstandene *Oberflächenstruktur*.

Jean Piaget spricht von *Assimilation,* wenn die Umwelt von einer Person an ihre Struktur angepaßt wird. Hierbei wird die Kommunikation der Person durch ihre Struktur immer stärker eingeschränkt, weil die Tiefenstruktur durch immer stärkere Generalisierungen, Verzerrungen und Tilgungen entsteht.

Den umgekehrten Fall, in dem sich die Person an die Umwelt anpaßt und dadurch ihre Tiefenstruktur flexibel verändert, nennt Piaget *Akkommodation.*

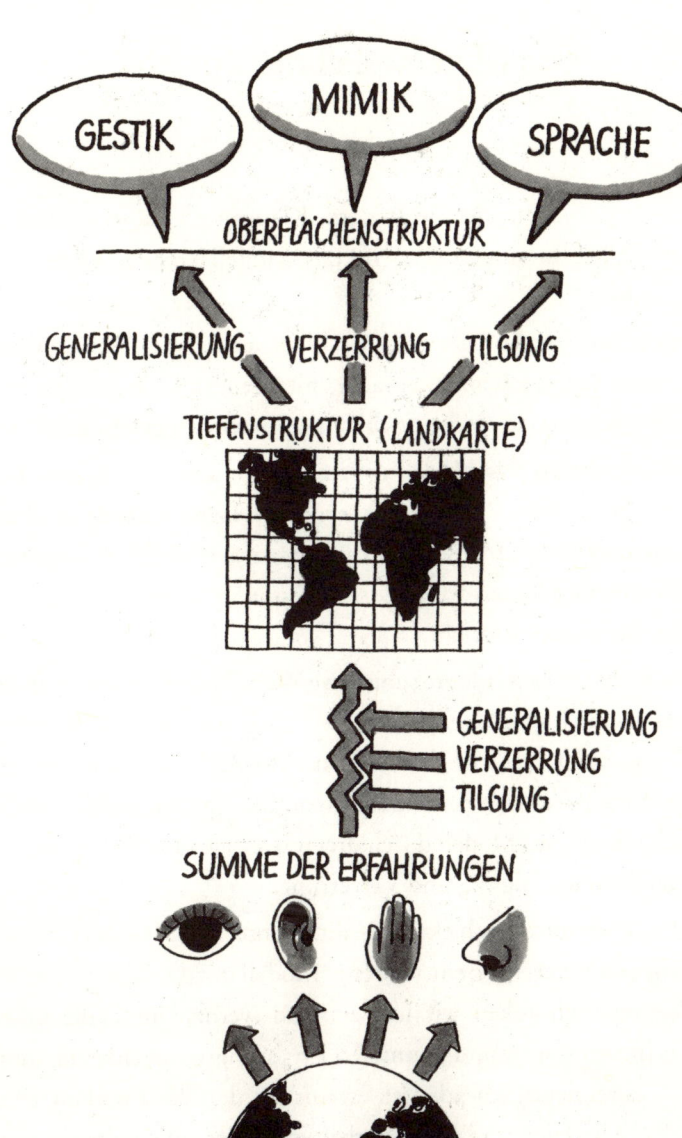

Das Metamodell der Sprache

Wir denken und sprechen in Bildern, Klängen und körperlichen Gefühlen. Dabei ist unsere Sprache das Modell eines Modells – ein Metamodell!

Sind unsere Erfahrungen reich detailliert und plastisch, so wird sich das in einer entsprechenden Sprache mitteilen; sind sie dagegen reduziert oder verzerrt, so erscheint auch die Sprache eingeschränkt.

Die Sprache ist das Modell unseres Weltbildes. Wir haben dieses Weltbild geschaffen, um in der dauernden Reizüberflutung zu überleben: um die Welt nach unseren Bedürfnissen zu erfahren, das zu lernen, was für uns momentan wichtig ist und uns so zu entwickeln, wie es unserer Situation entspricht.

So schaffen wir uns unsere subjektive Welt. In dem Moment, in dem wir uns in eine Richtung entwickeln, schränken wir uns in der anderen ein. Dabei fehlt es nicht der Welt an Möglichkeiten, sondern dem Individuum, das nach einem bestimmten Konzept, einem Modell, lebt. Wir schaffen dieses Modell durch drei universale Gestaltungsprozesse: Generalisierung, Tilgung und Verzerrung.

Solange wir unsere subjektive Realität, unser durch Generalisierung, Tilgung und Verzerrung entstandenes Modell mit der Realität der Welt gleichsetzen, schränken wir uns ein und werden im Laufe unseres Lebens immer starrer und in unseren Erfahrungsmöglichkeiten immer enger – es sei denn, wir schaffen es, uns aus den Beschränkungen des Modells zu befreien und unser Verhalten wieder auf eine reichere und unbeschränktere Wahrnehmung zu gründen.

Generalisierung ist der Prozeß, durch den Teile einer Erfahrung von der ursprünglichen Erfahrung abgelöst werden, um dann die gesamte Erfahrung zu verkörpern.

Wir lernen es, eine Tür zu öffnen, indem wir die Klinke herunter-drücken. Wir generalisieren diese Erfahrung auf das Erkennen der verschiedensten Türen und versuchen dann, diese durch Herunter-drücken der Klinke zu öffnen. Jeder nimmt so eine unendliche Zahl von Generalisierungen vor, die in einigen Situationen nützlich sind, in anderen jedoch nicht. Ob eine Generalisierung nützlich ist oder nicht, kann nur innerhalb eines bestimmten Kontextes bestimmt werden.

Tilgung ist der Prozeß, durch den wir unsere Aufmerksamkeit selek-tiv bestimmten Wahrnehmungen zuwenden und andere ausschließen. Dieser Prozeß kann auch eine Einschränkung bedeuten, wenn wir nämlich Erfahrungen tilgen, die im anderen Kontext für ein reicheres Modell der Welt nötig wären.

Nehmen wir als Beispiel die Aussage „Ich habe Angst". Dieser Aussage entspricht in der Tiefenstruktur:

- Ich habe Angst vor großen Hunden.
- Ich habe Angst davor, gebissen zu werden etc.

Durch die Tilgung dessen, wovor ich Angst habe, kommt es in der Oberflächenstruktur zu der allgemeinen Aussage „Ich habe Angst". Mit der Zeit kann diese allgemeine Aussage allgemeingültig werden, so daß es zu einer entsprechenden Einschränkung der Person kommt.

Verzerrung ist der Prozeß, der es uns ermöglicht, in der Wahrneh-mung sensorischer Einzelheiten eine Umgestaltung vorzunehmen. Wir verzerren die Realität in unseren Zukunftsvisionen, in der Kunst, ja sogar in der Wissenschaft:

Das Mikroskop ist ein Beispiel für unsere Fähigkeit, die Realität zu verzerren. Der Vorteil dieser Verzerrung ist klar – weniger klar ist es, welchen Vorteil die häufige Verzerrung eines dynamischen Prozesses – z. B. laufen – zu einem Ding – einem Lauf – bringt. An dynamischen Prozessen können oder müssen wir aktiv teilnehmen, während Dinge immer etwas sind, von denen wir uns distanzieren können, etwas, das sich „da draußen" befindet.

Verzerrung heißt auch, ungeprüftes „Wissen", z. B. Stammtischgespräche, Vorurteile etc. zu übernehmen. Auch hier ist eine entsprechende Einschränkung der Person die Folge.

Im wesentlichen dient das Meta-Modell als Bindeglied zwischen Sprache und Erleben. Es stellt sprachliche Strategien zur Verfügung, die dem Klienten wieder alle Informationen aus der „Tiefenstruktur" seines Erlebens zur Verfügung stellen und sein Modell der Welt, seine innere Landkarte, erweitern.

Da sich Generalisierung, Tilgung und Verzerrung in identifizierbaren Sprachmustern ausdrücken, können wir die Aussage eines Gesprächspartners immer dann hinterfragen, wenn wir feststellen, daß er auf Grund dieser Gestaltungsprozesse eine Einschränkung seiner Verhaltensmöglichkeiten erlitten hat. Durch das Hinterfragen wird er sein Realitätsmodell mit Hilfe seiner eigenen Antworten wieder erweitern und so zusätzliche Verhaltensalternativen gewinnen. (Es ist wichtig, daß die Erweiterung seines Realitätsmodells durch seine eigenen Antworten geschieht. Eine ökologische Veränderung seines Modells durch fremde Antworten erscheint kaum möglich.)

Das Meta-Modell kann so unter drei Aspekten angewandt werden:
1. Es hilft, Informationen zu gewinnen.
2. Es macht Einschränkungen im Modell des Sprechers hörbar und löst diese auf.
3. Es diagnostiziert und behebt semantische Fehlgeformtheiten.

1. Informationen gewinnen

Informationen gewinnen heißt, durch passende Fragen auf eine präzise und vollständige Formulierung des präsentierten Inhalts zu dringen. Dabei gibt es vier Unterscheidungen:
a) Tilgung
b) Fehlen des Beziehungsindex

c) Unvollständig spezifizierte Verben

d) Nominalisierungen

a) Tilgung

Eine Tilgung zu erkennen und die getilgte Information wiederzugewinnen, hilft dabei, eine vollständigere Repräsentation der Erfahrung wiederherzustellen.

Um die fehlende Information zugänglich zu machen, werden die Fragewörter „Wen?" oder „Was?" benutzt.

Beispiele: „Ich glaube nicht."

„*Was* glaubst du nicht?"

„Ich weiß nicht."

„*Was* weißt du nicht?"

„Ich fürchte mich."

„*Wen* oder *was* fürchtest du?"

„Er ist der Schnellste."

„*In was* ist er der Schnellste?"

„Er ist der Schnellste im Schwimmen."

„*Unter welchen Leuten* ist er der Schnellste im Schwimmen?"

b) Fehlen des Beziehungsindex

Durch Generalisierung verschwindet der Beziehungsindex: Eine Person nimmt eine einzelne Erfahrung und generalisiert sie, so daß der Bezug zur Realität verlorengeht. Die Formulierung des tatsächlichen Beziehungsindex hilft dabei, die Welt wieder in ihrem ursprünglichen, durch eine Vielzahl von Wahlmöglichkeiten ausgezeichneten Reichtum zu erleben.

Bei Fehlen des Beziehungsindex wird die Information durch die Frage „*Wer genau?*" oder „*Was genau?*" wieder zugänglich gemacht.

Beispiele: „Niemand liebt mich".

„*Wer genau* liebt dich nicht?"

„Es ist viel zu schwer."

„*Was genau* ist viel zu schwer für dich?"

„Sie sind alle blöd."

„*Wer genau* ist blöd?"

c) Unvollständig spezifizierte Verben

Unvollständig spezifizierte Verben formulieren spezifische Erfahrungen pauschal und allgemein, so daß der Zuhörer nie sicher sein kann, ob seine Interpretation mit dem tatsächlichen Erlebnis überhaupt noch etwas zu tun hat.

Die Verben „schlagen" oder „küssen" sind z. B. sehr viel spezifischer als das Verb „berühren". Wenn der Zuhörer nach einer gewissen Spezifizierung des Verbs fragt, erreicht er, daß der Sprecher sich mit der gemachten Erfahrung wieder vollständig verbindet.

Um die hinter unvollständig spezifizierten Verben verdrängten Informationen wiederzugewinnen, fragt man: „*Wie genau?*"

Beispiele: „Sie hat mich berührt."

„*Wie genau* hat sie dich berührt?"

„Er hat mich verletzt."

„*Wie genau* hat er dich verletzt?"

„Sie stellen mich vor vollendete Tatsachen."

„*Wie genau* stellen sie dich vor vollendete Tatsachen?"

d) Nominalisierungen

Durch Nominalisierungen entstehen aus dynamischen Prozessen – aus Verben – Dinge, also Substantive.

„... das Umformen von Nominalisierungen hilft dem Klienten einzusehen, daß das, was er als abgeschlossenes und seiner Kontrolle entzogenes Ereignis betrachtet, ein andauernder Prozeß ist, der geändert werden kann" (Bandler und Grinder).

Leslie Cameron-Bandler beschreibt eine einfache Möglichkeit, Nominalisierungen von regulären Nomina zu unterscheiden:

„Jene, die sich gerne bildlich etwas vorstellen, mögen sich vor ihrem geistigen Auge das Bild eines Schubkarrens machen.

Setzen Sie nun einen Stuhl, dann eine Katze und dann Ihre Mutter in den Schubkarren. Versuchen Sie nun, Versagen, Tugend, Projektion, Aussage und Verwirrung in den Schubkarren zu setzen. Wie Sie sehen können, sind Nominalisierungen keine Personen, Orte oder Dinge, die man in einen Schubkarren setzen kann."

Eine weitere Möglichkeit, Nominalisierungen zu erkennen, besteht darin, daß Sie überprüfen, ob das Ereigniswort in die Leerstelle des syntaktischen Rahmens „ein andauernder ..." paßt.

„ein andauerndes *Problem*" – Nominalisierung

„ein andauern*der Elefant*"

„ein and*auernder Stuhl*"

„eine andauernde *Beziehung*" – Nominalisierung

Nominalisierungen wieder in dynamische Prozesse, also in Verben zu verwandeln, ist einfach:

Beispiele: „Ich bekomme keine Anerkennung."

           „Wie würden Sie denn gerne anerkannt werden?"

           „Geben Sie acht."

           „Worauf wollen Sie, daß ich achte?"

           „Ich bedaure meine Entscheidung."

           „Was hindert Sie daran, sich neu zu entscheiden?"

„Ich brauche Hilfe."
„Wie soll Ihnen denn geholfen werden?"

2. Einschränkungen im Modell des Sprechers

Einschränkungen im Modell des Sprechers zu diagnostizieren und durch Fragen aufzulösen bedeutet, das Modell des Sprechers zu erweitern und zu bereichern. Das Modell des Sprechers wird eingeschränkt durch:

a) Universalquantoren

b) und Modaloperatoren der Notwendigkeit.

a) Universalquantoren

Universalquantoren sind Worte wie „alle", „jeder", „niemand", „nie". Sie werden hinterfragt, indem die durch sie erfolgte Generalisierung übertrieben wird. So hilft man dem Sprecher, die Ausnahmen von seiner Generalisierung zu finden und sich neue Wahlmöglichkeiten zu erschließen. Eine andere Möglichkeit des Hinterfragens besteht darin, daß man den Sprecher fragt, ob er jemals eine, der Generalisierung widersprechende Erfahrung gemacht hat.

> Beispiele: „Ich habe niemals Glück."
> „Du hast also *noch niemals in deinem ganzen Leben* Glück gehabt?"
> oder: „Hast du schon *jemals in deinem Leben* Glück gehabt?"
>
> „Du betrügst mich immer."
> „Ich betrüge dich also *immer und andauernd?*"
> oder: „Habe ich dich *schon jemals nicht* betrogen?"

b) Modaloperatoren der Notwendigkeit

Modaloperatoren der Notwendigkeit sind Wörter wie *„soll" (sollte)*, *„muß", „kann nicht", „es ist notwendig"*. Sie weisen darauf hin, daß es für den Sprechenden keine Wahlmöglichkeit gibt. Wenn diese Modaloperatoren in Frage gestellt werden, erweitern sich die bis dahin akzeptierten Begrenzungen des Sprechers. Es gibt zwei Möglichkeiten, die durch die Modaloperatoren ausgedrückte Begrenzung zu hinterfragen: *„Was hindert Sie?"* und *„Was würde passieren, wenn Sie es täten?"*

„Was hindert Sie?" hilft dabei, den Sprecher in die Vergangenheit zu versetzen und zu erfahren, auf Grund welcher Erfahrung sich die einschränkende Generalisierung gebildet hat.

„Was würde passieren, wenn Sie es täten?" versetzt den Sprecher in die Zukunft und stellt ihn vor die Konsequenz seines neuen Handelns.

Ganz allgemein gilt das „3-W-Prinzip", was wäre, wenn?

Beispiele: „Ich kann dir nicht die Wahrheit sagen?"

„Was hindert dich daran, mir die Wahrheit zu sagen?"

„Was würde passieren, wenn du mir die Wahrheit sagst?"

„Was wäre, wenn du mir die Wahrheit sagst?"

„Ich muß ihm immer geben, was er will."

„Was hindert dich daran, ihm nicht zu geben, was er will?"

„Was würde passieren, wenn du ihm nicht gibst, was er will?"

„Was wäre, wenn du ihm nicht gibst, was er will?"

3. Semantische Fehlgeformtheiten

Semantische Fehlgeformtheiten entstehen durch Verzerrung.

„Sätze zu erkennen, die semantisch fehlgeformt sind, hat den Zweck, den Klienten zu unterstützen, die Anteile seines Modells zu identifizieren, die in irgendeiner Weise verzerrt sind, so daß die ihm möglichen Erfahrungen eingeschränkt sind" (Bandler und Grinder).

Durch die Veränderung derjenigen Teile des Modells, die semantisch fehlgeformt sind, erlangt eine Person reichhaltigere Wahlmöglichkeiten und eine größere Freiheit beim Einwirken auf die Welt. Diese Anteile nämlich sind es, die den Betreffenden daran hindern, so zu handeln, wie er sonst handeln würde. Die drei Klassen der semantischen Fehlgeformtheit sind:

a) Ursache und Wirkung

b) Gedanken lesen

c) Das verlorene Performativ

a) Ursache und Wirkung

Hier besteht die Annahme, daß eine Person durch ihr Handeln ursächlich jemand anderen in einen bestimmten inneren Zustand versetzt.

Der Sprecher erlebt sich, als habe er keine andere Wahl, als auf eine bestimmte Handlung durch eine bestimmte Emotion zu reagieren. Hinterfragt man diese Annahme, so hilft dies dem Sprecher zu erkennen, daß hier tatsächlich keine zwangsläufige Verknüpfung vorliegt. Der Sprecher kann dann überlegen, welche anderen Reaktionsmöglichkeiten ihm zur Verfügung stehen.

Die Frage lautet hier: „*Wie verursacht X Y?*"

Beispiele: „Du ärgerst mich."

„*Wie genau kann ich es machen, dich zu ärgern?*"
„Wie schaffe ich es, dich zu ärgern?"

„Ich bin traurig, wenn du gehst."

„*Wie kommt es,* daß du traurig bist, wenn ich gehe?"
„*Wie bewirkt* mein Gehen, daß du dich traurig fühlst?"

b) Gedankenlesen

Beim Gedankenlesen geht der Sprecher davon aus, daß jemand anders ihn durchschaut und ihn, ohne daß eine direkte Kommunikation stattgefunden hat, be- oder verurteilt; oder umgekehrt, daß er jemand anderen auf Grund von „Wahnvorstellungen", anstatt auf Grund von Informationen einschätzt.

Dadurch, daß man fragt: *„Woher genau wissen Sie, daß X...?",* ergibt sich für den Sprecher die Möglichkeit, die Annahme, die er bisher als selbstverständlich vorausgesetzt hat, zu hinterfragen.

Beispiele: „Alle meinen, ich nehme zuviel Zeit in Anspruch."
            „Woher genau wissen Sie, was alle meinen?"

            „Ich bin mir sicher, daß Sie wissen, wie ich mich fühle."
            „Woher im einzelnen wissen Sie denn, daß ich weiß, wie Sie sich fühlen?"

            „Ich weiß, was das Beste für ihn ist."
            „Woher wissen Sie denn, was das Beste für ihn ist?"

            „Er berücksichtigt niemals die Konsequenzen."
            „Woher im einzelnen wissen Sie denn, daß er niemals die Konsequenzen berücksichtigt?"

c) Verallgemeinerungen – oder das verlorene Performativ

Verallgemeinerungen drücken sich darin aus, daß der Sprecher Regeln, die für ihn und seine Weltsicht gültig sind, generalisierend auf andere Menschen überträgt. Der Zweck des Hinterfragens besteht darin, dem Sprecher klarzumachen, daß seine persönlichen Regeln nicht zwangsläufig für den Rest der Welt gültig sein müssen.

Man hinterfragt Verallgemeinerungen durch die Frage *„Für wen?".*

Beispiele: „Das ist die einzige Art zu leben."

„*Für wen* ist das die einzige Art zu leben?"

„Es ist unbedingt notwendig, in diesem Club zu sein."

„*Für wen* ist es unbedingt notwendig, in diesem Club zu sein?"

Das Präzisionsmodell

Die wichtigsten Metamodell-Fragen auf einen Blick

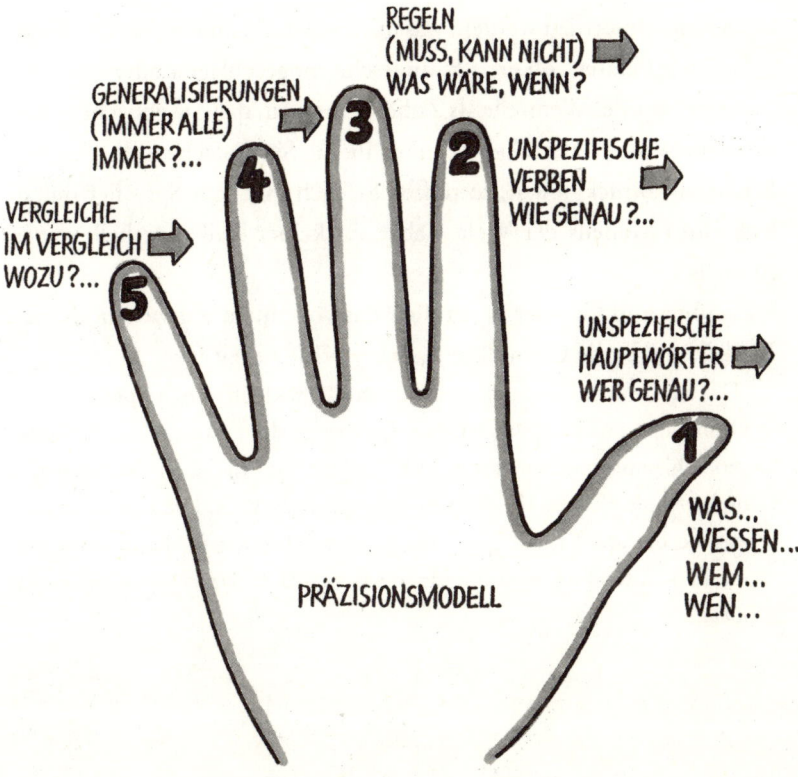

INANLEHNUNG AN G. LABORDE (KOMPETENZ & INTEGRITÄT)

„Die Leute, die die Meta-Modell-Fragen nicht semantisch verinnerlicht haben, fahren sich fest" (Bandler und Grinder).

Das Meta-Modell geht davon aus, daß der Sprecher seine Kommunikation klar verständlich macht – und nicht davon, daß der Zuhörer die fehlenden Stücke aus seiner eigenen, subjektiven Realität für ihn einfügt.

Wenn etwa jemand äußert, er wäre „verletzt" worden, so muß unbedingt hinterfragt werden, was mit „verletzt" gemeint ist. Die Frage „*Wie?*" wird klären, ob er z. B. angeschrien, geschlagen oder sonstwie „verletzt" wurde. Wenn Sie als Zuhörer meinen, daß Sie verstehen, was mit dem Wort „verletzt" gemeint ist, indem Sie einfach auf Ihre eigene Erfahrung zurückgreifen, so treffen Sie sich mit dem Sprecher innerhalb Ihres Modells der Welt – aber auf keinen Fall innerhalb seines Modells.

Bandler und Grinder sagen über das von ihnen entwickelte Meta-Modell, daß es die Grundlage jeglicher NLP-Arbeit ist:

„Das Meta-Modell ist stark vereinfachend, und doch ist es immer noch die Grundlage von allem, was wir tun. Ihr werdet alles, was wir Euch beibringen, schlampig machen, wenn Ihr Euch das Meta-Modell und die systematische Kontrolle darüber nicht zu eigen gemacht habt. Die Leute, die das, was sie bei uns lernen, „gut" machen und diejenigen, die es nicht gut machen, unterscheiden sich darin, ob sie das *Meta-Modell draufhaben oder nicht.*"

Übung 19

1. **Definieren Sie folgende Bezeichnungen:**

a) Generalisierung _____

_____

_____

b) Tilgung _____

_____

_____

c) Ursache und Wirkung _____

_____

_____

d) Information gewinnen _____

_____

_____

e) Einschränkungen im Modell des Sprechers _____

_____

_____

f) Gedanken lesen _____

_____

_____

g) Verlorener Performativ _____

_____

_____

h) semantische Fehlgeformtheit _____

_____

_____

i) Nominalisierung _____

_____

_____

j) Modaloperator der Notwendigkeit _____

_____

_____

k) Fehlen des Beziehungsindex _____

_____

_____

l) Verzerrung _____

_____

_____

m) unvollständig spezifiziertes Verb _____

_____

_____

n) Universalquantor _____

_____

_____

2. **Nennen Sie die drei Kategorien des Meta-Modells** _____

_____

_____

3. **Warum hilft das Hinterfragen unvollständiger Aussagen dem Klienten dabei, das Modell seiner Welt zu erweitern und reicher zu machen?** _____

_____

_____

4. **Kreuzen Sie die richtigen Antworten an:**

Das Meta-Modell wird benutzt, um:

☐ Informationen zu gewinnen.

☐ die Grenzen im Modell der Welt eines anderen zu erkennen.

☐ die Handlungsmöglichkeiten eines anderen zu erweitern.

☐ einem anderen mehr Wahlmöglichkeiten in der Erfahrung der Welt zu geben.

☐ Alle Antworten sind richtig.

Übung 20

Finden Sie ein Beispiel für jede der im folgenden angeführten Meta-Modell-Verletzungen und formulieren Sie die entsprechende Meta-Modell-Frage.

Informationen gewinnen

Fehlen des Beziehungsindex: _____

Frage: _____

_____

Unvollständig spezifiziertes Verb: _____

Frage: _____

_____

Nominalisierung: _____

Frage: _____

_____

Tilgung: _____

Frage: _____

_____

Einschränkungen im Modell des Sprechers aufheben.

Universalquantoren:_____

_____

Frage:

_____

_____

Modaloperatoren: _____

_____

Frage:

_____

_____

Semantische Fehlgeformtheiten beseitigen.

Gedanken lesen: _____

_____

Frage:

_____

_____

Verallgemeinerungen – oder das verlorene Performativ: _____

_____

Frage:

_____

_____

Ursache und Wirkung:_____

_____

Frage:

_____

_____

Übung 21

Jeder der folgenden 101 Sätze enthält eine Meta-Modell-Verletzung. Zur Definition der Meta-Modell-Verletzungen benutzen Sie bitte folgende Kürzel:

Tilgung	Ti
Fehlen des Beziehungsindex	FBx
Unvollständig spezifiziertes Verb	UsV
Nominalisierung	N
Universalquantoren	Uqu
Modaloperatoren der Notwendigkeit	MO
Ursache und Wirkung	U & W
Gedanken lesen	Gdl
Verallgemeinerung – Verlorener Performativ	VP

Nachdem Sie die Meta-Modell-Verletzungen aller 101 Sätze diagnostiziert haben, formulieren Sie bitte zu jedem Satz eine Meta-Modell-Frage.

1. Ich habe keine Lust.
Meta-Modell-Frage: _____

_____

Kürzel: _____

2. Nie hört mir jemand zu.
Meta-Modell-Frage: _____

_____

Kürzel: _____

3. Die Befriedigung meiner Begierden wird zu einem Zwang.
Meta-Modell-Frage: _____

_____

Kürzel: _____

4. Ich gebe es auf.

Meta-Modell-Frage: _____

_____

Kürzel: _____

5. Das funktioniert niemals.

Meta-Modell-Frage: _____

_____

Kürzel: _____

6. Immer wenn er das sagt, werde ich wütend.

Meta-Modell-Frage: _____

_____

Kürzel: _____

7. Ich darf gar nicht daran denken.

Meta-Modell-Frage: _____

_____

Kürzel: _____

8. Jungen weinen nicht.

Meta-Modell-Frage: _____

_____

Kürzel: _____

9. Das muß aber unbedingt sein.

Meta-Modell-Frage: _____

_____

Kürzel: _____

10. Es würde mich glücklich machen, wenn du es tätest.

Meta-Modell-Frage: _____

_____

Kürzel: _____

11. Das weiß doch jedes Kind.
Meta-Modell-Frage:

Kürzel:

12. Der Prozeß der Nominalisierung führt von Beweglichkeit zur Feststellung des Wesentlichen.
Meta-Modell-Frage:

Kürzel:

13. Ich bin verletzt.
Meta-Modell-Frage:

Kürzel:

14. Alle sagen es immer wieder.
Meta-Modell-Frage:

Kürzel:

15. Er ist ungeschickt.
Meta-Modell-Frage:

Kürzel:

16. Das tut nichts zur Sache.
Meta-Modell-Frage:

Kürzel:

17. Es liegt an ihm.
Meta-Modell-Frage:

Kürzel:

18. Die Erhabenheit des Geistes ist nichtiger als das Ausleben der Triebe.

Meta-Modell-Frage: _____

_____

Kürzel: _____

19. Das trifft ihn.

Meta-Modell-Frage: _____

_____

Kürzel: _____

20. Wir sind alle sehr unsensibel.

Meta-Modell-Frage: _____

_____

Kürzel: _____

21. Das ist wahr.

Meta-Modell-Frage: _____

_____

Kürzel: _____

22. So lange alles in Fluß und Bewegung ist, ist eine Veränderung noch einfach.

Meta-Modell-Frage: _____

_____

Kürzel: _____

23. Ich habe immer Pech.

Meta-Modell-Frage: _____

_____

Kürzel: _____

24. Du regst mich auf.

Meta-Modell-Frage: _____

_____

Kürzel: _____

25. Das kannst du unmöglich tun.

Meta-Modell-Frage: _____

_____

Kürzel: _____

26. Das ist gegen Sitte und Moral.

Meta-Modell-Frage: _____

_____

Kürzel: _____

27. Männer sind so.

Meta-Modell-Frage: _____

_____

Kürzel: _____

28. Das muß man einfach gesehen haben.

Meta-Modell-Frage: _____

_____

Kürzel: _____

29. Ich ärgere mich über ihn.

Meta-Modell-Frage: _____

_____

Kürzel: _____

30. Er weiß immer alles besser.

Meta-Modell-Frage: _____

_____

Kürzel: _____

31. Er fügt sich in sein Schicksal.

Meta-Modell-Frage:_____

_____

Kürzel:_____

32. Ich habe Angst.

Meta-Modell-Frage:_____

_____

Kürzel:_____

33. Das ist alles Mist.

Meta-Modell-Frage:_____

_____

Kürzel:_____

34. Der Vollzug der heiligen Handlung findet unter Ausschluß
der Öffentlichkeit statt.

Meta-Modell-Frage:_____

_____

Kürzel:_____

35. Sie stellt sich alles ganz anders vor.

Meta-Modell-Frage:_____

_____

Kürzel:_____

36. Jeder hat das Recht dazu.

Meta-Modell-Frage:_____

_____

Kürzel:_____

37. Alle wissen, was ich darüber denke.

Meta-Modell-Frage: _____

_____

Kürzel:_____

38. Man sieht es mir einfach an.

Meta-Modell-Frage:_____

_____

Kürzel:_____

39. Wer A sagt muß auch B sagen.

Meta-Modell-Frage:_____

_____

Kürzel:_____

40. Es tut mir leid, daß ich Sie langweile.

Meta-Modell-Frage:_____

_____

Kürzel:_____

41. Das geht nur so und nicht anders.

Meta-Modell-Frage:_____

_____

Kürzel:_____

42. Jeder weiß, wie das ist.

Meta-Modell-Frage:_____

_____

Kürzel:_____

43. Es ist alles viel zu kompliziert.

Meta-Modell-Frage:_____

_____

Kürzel:_____

44. Alle haben es gesehen.

Meta-Modell-Frage:_____

_____

Kürzel:_____

45. Die Notwendigkeit des Handelns ist nun gekommen.

Meta-Modell-Frage: _____

_____

Kürzel: _____

46. Es ist nicht zu glauben.

Meta-Modell-Frage: _____

_____

Kürzel: _____

47. Keiner beachtet mich.

Meta-Modell-Frage: _____

_____

Kürzel: _____

48. Wenn er mich noch einmal verläßt, sterbe ich.

Meta-Modell-Frage: _____

_____

Kürzel: _____

49. Du darfst auf keinen Fall zu spät kommen.

Meta-Modell-Frage: _____

_____

Kürzel: _____

50. Das gehört einfach zu den guten Manieren.

Meta-Modell-Frage: _____

_____

Kürzel: _____

51. Du weißt es sicher auch schon.

Meta-Modell-Frage: _____

_____

Kürzel: _____

52. Geld macht glücklich.

Meta-Modell-Frage: _____

_____

Kürzel: _____

53. Das muß ich für mich behalten, ich darf es dir nicht sagen.

Meta-Modell-Frage: _____

_____

Kürzel: _____

54. Du machst mich unglücklich.

Meta-Modell-Frage: _____

_____

Kürzel: _____

55. Du tust mir weh.

Meta-Modell-Frage: _____

_____

Kürzel: _____

56. Ein wenig mehr Anerkennung würde zur Veränderung meiner Haltung führen.

Meta-Modell-Frage: _____

_____

Kürzel: _____

57. Es ist nicht zu glauben.

Meta-Modell-Frage: _____

_____

Kürzel: _____

58. Jeder weiß, daß es unmöglich ist.

Meta-Modell-Frage: _____

_____

Kürzel: _____

59. Das kann keiner.
Meta-Modell-Frage: _____

_____

Kürzel: _____

60. Es geht nicht.
Meta-Modell-Frage: _____

_____

Kürzel: _____

61. Ohne TV kann man heute nicht mehr leben.
Meta-Modell-Frage: _____

_____

Kürzel: _____

62. Keiner will hier darauf verzichten.
Meta-Modell-Frage: _____

_____

Kürzel: _____

63. Ich weiß was Ihr braucht.
Meta-Modell-Frage: _____

_____

Kürzel: _____

64. Es ist eine Geschmacklosigkeit, zu Fisch Rotwein zu trinken.
Meta-Modell-Frage: _____

_____

Kürzel: _____

65. Da kann man gar nicht laut drüber reden.
Meta-Modell-Frage: _____

_____

Kürzel: _____

66. Es ist nicht zu glauben.

Meta-Modell-Frage: _____

_____

Kürzel: _____

67. Er weiß immer alles besser.

Meta-Modell-Frage: _____

_____

Kürzel: _____

68. Es ist unmöglich.

Meta-Modell-Frage: _____

_____

Kürzel: _____

69. Er hat mich berührt.

Meta-Modell-Frage: _____

_____

Kürzel: _____

70. Du darfst das nicht wissen.

Meta-Modell-Frage: _____

_____

Kürzel: _____

71. Der andauernde Verlust der bürgerlichen Existenz ist die Folge des Verfahrens.

Meta-Modell-Frage: _____

_____

Kürzel: _____

72. Das setzt etwas in Bewegung.

Meta-Modell-Frage: _____

_____

Kürzel: _____

73. Er ist der Schönste.

Meta-Modell-Frage: _____

_____

Kürzel: _____

74. Es hilft nicht.

Meta-Modell-Frage: _____

_____

Kürzel: _____

75. Niemand würde so etwas jemals tun.

Meta-Modell-Frage: _____

_____

Kürzel: _____

76. Keiner will das.

Meta-Modell-Frage: _____

_____

Kürzel: _____

77. Das Urteil nimmt Rücksicht auf die Schuldeinsicht des Täters.

Meta-Modell-Frage: _____

_____

Kürzel: _____

78. Es bleibt alles beim alten.

Meta-Modell-Frage: _____

_____

Kürzel: _____

79. Niemand kümmert sich um mich.

Meta-Modell-Frage: _____

_____

Kürzel: _____

80. Es ist unmöglich.

Meta-Modell-Frage: _____

_____

Kürzel: _____

81. Ich will nicht mehr.

Meta-Modell-Frage: _____

_____

Kürzel: _____

82. Jeder würde so handeln.

Meta-Modell-Frage: _____

_____

Kürzel: _____

83. Ich muß es einfach immer wieder tun.

Meta-Modell-Frage: _____

_____

Kürzel: _____

84. Es hilft nicht.

Meta-Modell-Frage: _____

_____

Kürzel: _____

85. Ich kann ihm keine Bitte abschlagen.

Meta-Modell-Frage: _____

_____

Kürzel: _____

86. Er ist immer so sorglos.

Meta-Modell-Frage: _____

_____

Kürzel: _____

87. Es ist gut.

Meta-Modell-Frage: _____

_____

Kürzel: _____

88. Ohne Zigarette werde ich nervös.

Meta-Modell-Frage: _____

_____

Kürzel: _____

89. Dieser Aufruf beinhaltet die Versicherung des guten Willens.

Meta-Modell-Frage: _____

_____

Kürzel: _____

90. Nie im Leben geht das gut.

Meta-Modell-Frage: _____

_____

Kürzel: _____

91. Wir können nicht.

Meta-Modell-Frage: _____

_____

Kürzel: _____

92. Das kann jeder.

Meta-Modell-Frage: _____

_____

Kürzel: _____

93. Du machst mir Streß.

Meta-Modell-Frage: _____

_____

Kürzel: _____

94. Es schmerzt mich wenn du gehst.

Meta-Modell-Frage: _____

_____

Kürzel: _____

95. Ohne dich wird alles sinnlos.

Meta-Modell-Frage: _____

_____

Kürzel: _____

96. Er mag nicht.

Meta-Modell-Frage: _____

_____

Kürzel: _____

97. Alle glauben, daß ich es getan habe.

Meta-Modell-Frage: _____

_____

Kürzel: _____

98. Du denkst immer nur an das Eine.

Meta-Modell-Frage: _____

_____

Kürzel: _____

99. Ich brauche es dir auch nicht mehr zu sagen.

Meta-Modell-Frage: _____

_____

Kürzel: _____

100. Das gehört heute einfach zur Lebensqualität.

Meta-Modell-Frage: _____

_____

Kürzel: _____

101. Da muß man unbedingt mitmachen.

Meta-Modell-Frage: _____

_____

Kürzel: _____

Übung 22

Einige der Sätze des folgenden Textes enthalten Meta-Modell-Verletzungen; einige enthalten sogar mehr als eine Verletzung. Diagnostizieren und definieren Sie die Verletzungen mit Hilfe der Kürzel aus Übung 21, so wie am Beispiel des ersten Satzes demonstriert.

> FBx   FBx
> Lehrer tun es.

Lehrer tun es. Tierärzte tun es. Auch Therapeuten und Makler tun es.

Ein neues Kommunikations-System, das unter dem komplizierten Namen Neurolinguistisches Programmieren läuft, ist der Zug, auf den viele Leute, die mit anderen Leuten zu tun haben, abfahren. Ihr Schlachtruf: „Die Kommunikation ist die Antwort!" (Es zählt nicht, was man sagt, oder wie man es sagt – sondern wie der andere darauf reagiert.)

Ihre Gurus: Richard Bandler und John Grinder, zwei Soziologen, die die Idee des Neurolinguistischen Programmierens Mitte der 70er Jahre begründeten. Ihre Erfindung basiert auf genauer Beobachtung erfolgreicher Kommunikatoren. Sie stellten fest, daß diese Menschen nicht nur auf der verbalen Ebene kommunizierten. Da spricht eine Menge mehr als nur die Sprache. Bandler und Grinder haben ein System aufgebaut, um den Leuten diese fruchtbare Form der Kommunikation beizubringen.

Angenommen, Sie kommunizieren etwas. Woher wissen Sie, daß die Antwort, die Sie bekommen, auch die ist, die Sie beabsichtigen. Kurz: das Neurolinguistische Programmieren benutzt eine sehr komplexe Körpersprache. Anwendern wird beigebracht, Änderungen der Hautfarbe, Erweiterung der Pupillen, Aufblähung der Nasenflügel, auch nur das kleinste Anzeichen von Muskelspannung oder leichte Veränderungen im Atemmuster zu beobachten.

Hört sich das schwierig an? Bandler und Grinder sagen, es ist es nicht. Sie bestehen darauf, daß der Lernprozeß, derartige kleine Veränderungen wahrzunehmen, eine trainierbare Reaktion ist und daß jeder, der sie richtig anzuwenden im Stande ist, ein außergewöhnlich guter Beobachter wird.

Am besten, sagen sie, ist es, das Beobachten bei den Augen anzufangen.

Fragen Sie jemanden, welche Farbe die Schuhe seiner Kindergärtnerin hatten. Beobachten Sie sorgfältig sein Gesicht. Die Augen werden eine schnelle Suchbewegung zunächst nach oben, dann nach links (für Sie rechts) machen, während er Zugang zu einem erinnerten Bild sucht.

Bitten Sie ihn nun, sich an die Melodie von „blaue Augen" zu erinnern. Die Augen werden direkt nach links gehen, während er sich an die Klänge erinnert. Wenn Sie nach einem konstruierten Geräusch fragen, einem, das er selber erzeugen müßte, z. B. das Geräusch, das eine Spinne beim Laufen macht – werden die Augen nach rechts und dann wieder zurück gehen.

Eine Frage nach einem Gefühl (Wie fühlt sich Fell an?), einem Geruch oder einem Geschmack wird die Augen nach unten und nach rechts schicken. Und so weiter.

Was bedeuten all diese Augenbewegungen? Bandler und Grinder sagen, sie sind nur ein Trick, ein Weg, die Aufmerksamkeit der Leute auf ihre Erfahrungen zu lenken, sie lernen zu lassen Nuancen zu bemerken.

Aber nichts ist immer so, sagen sie. Die üblichen Augenbewegungen können bei Linkshändern, oder sogar auch bei einigen Rechtshändern, von links nach rechts vertauscht sein. Alle Verallgemeinerungen sind Lügen, stellen sie fest.

Übung 23

Die Praxis des Meta-Modells beruht, nachdem der erste grundsätzliche Schritt der Orientierung und des ersten Auswendiglernens getan ist, auf Intuition.

Wenn man sich dieser Intuition bewußt wird, kann das weitere Erlernen des Meta-Modells ein schneller und leichter Prozeß sein. Machen Sie sich eine Repräsentation – z. B. ein Bild von dem folgenden Satz: „*Der Junge wird verfolgt.*"

Sie werden „sehen", daß der Verfolger fehlt und Sie müssen fragen, „*Von wem wird der Junge verfolgt?*".

In der folgenden Übung für drei Personen beginnt A in normalem Tempo über irgend etwas zu sprechen. B hört zu und hinterfragt alle Meta-Modell-Verletzungen. C hört ebenfalls zu und springt ein, wenn B eine Meta-Modell-Verletzung überhört, steckenbleibt oder ermüdet.

Die Schwierigkeit dieser Übung besteht darin, daß A in normalem Tempo spricht, so daß B und C nur folgen können, wenn Sie sich – so wie oben beschrieben – ihrer Intuitionen bedienen und sich, über das einfache Zuhören hinaus, mit Hilfe verschiedener Repräsentationen „klar" machen, was an den Aussagen von A unvollständig ist. Nach jeweils 5 bis 10 Minuten sollten die Rollen A, B und C getauscht werden.

Übung 24

Wählen Sie *eine* Art von Meta-Modell-Verletzung, und konzentrieren Sie sich während einer Woche während aller Gespräche, während des Fernsehens, beim Lesen der Zeitung, etc. *nur* auf diese Meta-Modell-Verletzung.

Formulieren Sie die entsprechende Meta-Modell-Frage still für sich oder sprechen Sie sie auch aus, wenn es die Situation erlaubt.

Setzen Sie die Übung nach jeweils einer Woche mit einer neuen Meta-Modell-Verletzung fort – solange, bis Sie für das Meta-Modell einen automatisch funktionierenden Teil in Ihrem Unterbewußten haben.

Das Penetrance-Modell

Das Penetrance-Modell benutzt in erster Linie die Fragetechniken des Meta-Modells in Meta-Modell-adäquater, *penetranter* Weise. Thies Stahl, der Entwickler des Penetrance-Modells, beobachtete, daß seine Klienten durch die zum Teil recht kompliziert anmutenden Fragen verwirrt waren.

Um die Fragen verstehen und beantworten zu können, gingen sie erst einmal nach „innen", um sich dort ein Bild zu machen oder sonst eine sinnesspezifische Repräsentation zu erzeugen, die ihnen eine Auseinandersetzung mit der Frage erlaubte.

Thies Stahl beobachtete also, daß penetrantes und genaues Fragen *Trance-Phänomene* erzeugt und daß die wohlgeformte Formulierung der Antwort den Klienten aus der *Problem-Physiologie** in einen anderen, deutlich entspannteren Zustand versetzte, den er *Ziel-Physiologie*** nannte.

Das Penetrance-Modell stellt so eine Interventionstechnik dar, in der das Ergebnis der Meta-Modell-Arbeit direkt an der Physiologie des Klienten kontrolliert werden kann.

---

* Die *Problem-Physiologie* ist definiert als der Zustand, aus dem heraus der Klient beschreibt, was er als problematisch empfindet. In den meisten orthodoxen Therapien verbringt der Klient den größten Teil der Zeit in der Problem-Physiologie. Während er die verschiedenen Szenen der Entstehungsgeschichte beschreibt, in denen er sein Verhalten immer problematisch fand, ist er genauso in diesem Zustand, wie bei der Schilderung seiner Erwartungen, wo es problematisch sein wird. Die Problem-Physiologie durchzieht alle diese Szenen als ihr wesentliches Element.

** Die *Ziel-Physiologie* ist definiert als der Zustand, den der Klient dadurch erreicht, daß er sich vermittels einer wohlgeformten Zielformulierung eine sinnesspezifische Repräsentation des Zielzustandes erzeugt.

Nachdem der Rapport hergestellt ist und der Berater vom Klienten die Erlaubnis hat, einige Zeit ungewöhnliche Fragen stellen zu dürfen, baut das Penetrance-Modell sich in fünf Schritten auf.

1. Die wohlgeformte Definition des Veränderungs-Zieles

„Was willst du erreichen?"   „Was ist dein Ziel?"

Die Wohlgeformtheit der Zieldefinition unterliegt verschiedenen Kriterien.

a) Das Zielverhalten bzw. der Zielzustand soll durch den Klienten selbst herbeizuführen und selbst aufrechtzuerhalten sein. (Ein Lottogewinn wäre in diesem Sinne keine wohlgeformte Zieldefinition.) Ist das Ziel durch den Klienten nicht selbst herbeizuführen und aufrechtzuerhalten, wird folgende Frage gestellt: *„Angenommen, du könntest etwas lernen, das dich diesem Ziel näherbringt, was wäre das?"*

b) Die Zieldefinition soll positiv und ohne Vergleich sein. Ansonsten lautet die Frage: *„Woran wirst du erkennen, wie wirst du wahrnehmen (V.A.K.O.), wenn du das Ziel erreicht hast?"*

c) Das Zielverhalten bzw. der Zielzustand soll sinnesspezifisch konkret angegeben werden. Ansonsten lautet die Frage wieder: *„Woran wirst du erkennen, wie wirst du wahrnehmen (V.A.K.O.), wenn du das Ziel erreicht hast?"*

d) Das Zielverhalten bzw. der Zielzustand soll gut kontextualisiert sein. Ansonsten lautet die Frage: *„Wenn du dein Ziel erreicht hast ... wo und wann, in welcher Situation wirst du dich dann wem gegenüber wie verhalten?"*

e) Das Zielverhalten bzw. der Zielzustand soll im Hier und Jetzt demonstrierbar sein. Der Wechsel von der Problem- zur Zielphysiologie muß wahrnehmbar sein.

2. Das Erreichen des Zieles unter Zuhilfenahme von Ressourcen

Zunächst wird der Klient durch eine Bandwurm-Frage wieder in Trance versetzt: *„Du als reifer erwachsener Mann (als reife erwachsene Frau) hast eine Menge gelernt zu unterschiedlichen Zeiten in deinem Leben, mit unterschiedlichen Menschen und an unterschiedlichen Orten, was von diesen vielen Fähigkeiten kannst du benutzen, um im Problemkontext zu deinem Ziel ... zu kommen? Wo hast du schon einmal vor einem Ziel gestanden und wußtest nicht wie du es erreichen solltest; bis dir plötzlich Ideen kamen ... und wie kannst du dieses Wissen nun hier nutzen?"*

Der Klient soll mindestens fünf Fähigkeiten finden, die ihm beim Erreichen seiner Zielvorstellung helfen. Für jede der fünf Ressourcen soll er in Trance nun ein kleines Ritual durchlaufen:

„Ich möchte, daß du jetzt innerlich ein Ritual durchläufst, z. B. einen Traum träumst, der sicherstellt, daß du dich im Problemkontext ... an diese Fähigkeiten erinnern kannst."

3. Kontext-Reframing des alten Verhaltens

Der Klient wird darauf aufmerksam gemacht, daß es durchaus Kontexte – Situationen – geben kann, in denen er lieber sein bisheriges Verhalten beibehalten möchte.

„Finde oder erfinde bitte drei Situationen, in denen du die neue Fähigkeit, das neue Verhalten nicht anwenden willst, wo du lieber in alter Weise handeln willst."

Wenn dem Klienten so klar wird, daß sein als Problem beurteiltes Verhalten in bestimmten Situationen auch positiv sein kann, zeigt sich eine *Versöhnungs-Physiologie.**

4. Bedeutungs-Reframing des neuen Verhaltens

Der Klient wird für sein neues Verhalten sicher auch negative Konsequenzen in Kauf nehmen müssen, darauf muß er vorbereitet werden. Jeder Veränderungsschritt hat seinen Preis. Wenn ich z. B. lerne mich „durchzusetzen", kann es mir passieren, daß ich öfter in Konflikte verwickelt werde als vorher.

„Finde oder erfinde drei negative Konsequenzen, die es in Zukunft geben könnte, wenn du dein Ziel erreichen würdest."

Der Klient muß auf den Umgang mit diesen Konsequenzen vorbereitet werden. *„Finde für jede negative Konsequenz eine Idee darüber, was du tun müßtest, um dieser Konsequenz vorzubeugen bzw. gut mit ihr umzugehen."*

Der Klient soll sich den Umgang mit den Konsequenzen des neuen Verhaltens so konkret wie möglich repräsentieren.

Future Pace: „Suche für jede dieser Ideen eine Situation, in der du anfangen wirst, sie zu realisieren."

Eventuell stirbt hier das Ziel – nämlich dann, wenn der Klient die Konsequenzen nicht in Kauf nehmen will.

---

* Die Versöhnungs-Physiologie zeigt der Klient in dem Moment, wo ihm bewußt wird, daß es sinnvoll ist, das Problemverhalten zur Verfügung zu haben. Sei es, daß dadurch erst etwas Bestimmtes möglich wird oder, daß das Verhalten noch in bestimmten Situationen Schutz bietet. Der Klient wechselt dann von einem Zustand, in dem er eine blasse Hautfarbe, eine verspannte und unsymmetrische Haltung und autoaggressive Gesten zeigt, zu einer Physiologie mit mehr Durchblutung, tieferer Atmung, einer entspannteren, symmetrischen, aufrechten Haltung und einem berührten oder bewegten Gesichtsausdruck.

Möglichkeiten: 1. weitere neue Verhaltensweisen finden (Schritt 2)

2. ein neues Ziel formulieren.

5. Future Pace des neuen Verhaltens

Das Future Pace des neuen Verhaltens ist zugleich der Test, ob die Arbeit mit dem Klienten hier abgeschlossen ist, oder ob noch irgendwelche Detail-Fragen und -Probleme offen sind.

Auf die Frage „*Wie wird es das nächste Mal sein, wenn du in die Situation ... kommst?*", sollte als nonverbale Antwort die Ziel- oder die Versöhnungs-Physiologie sichtbar werden.

Das Auftreten der Versöhnungs-Physiologie ist dann ein Hinweis dafür, daß der Klient eine neue Ziel-Hierarchie entwickelt hat und vorläufig das alte Verhalten im Kontext läßt. Er hat sich dann dafür entschieden, das „Problemverhalten" generell oder noch eine Zeitlang beizubehalten. Es ist wichtig, daß das Future Pace im Klienten eine sinnesspezifische Repräsentation erzeugt. Deswegen sollte die Frage „*Wie wird es das nächste Mal sein, wenn du in die Situation... kommst?*" sinnesspezifisch erweitert werden: „*Was mußt du sehen, hören, fühlen ... um zu wissen, daß du das gewünschte Ziel erreicht hast?*"

Die verbalen und die nonverbalen Antworten auf diese Fragen sollten kongruent sein. Das Wollen und das Können des Klienten sollten im Gleichgewicht sein, sonst kann die Veränderung nicht ökologisch in das tägliche Leben eingebaut werden. Thies Stahl sagt dazu:

> „Nach außen zeigt sich eine ökologische Veränderungsarbeit an der symmetrischen Körperhaltung des Klienten beim Abschluß der therapeutischen Interaktion."

132

Das SPECI®–MODELL

Das SPECI®-Modell ist eine Ableitung des Penetrance-Modells, es dient im Managementbereich zur Erarbeitung wohlgeformter Ziel- und Ergebnisformulierungen. Die einzelnen Buchstaben stehen dabei als Kürzel für die verschiedenen Wohlgeformtheits-Kriterien. Ein wohlgeformtes Ziel muß

S	=	Sinnlich wahrnehmbar
P	=	Positiv formuliert
E	=	Eigeninitiativ erreichbar
C	=	Contextspezifisch definiert und
I	=	Intentionserhaltend sein

S = Sinnlich wahrnehmbar

Ziele, Ergebnisse, Outcomes werden sinnlich wahrgenommen: durch Sehen, Hören, Fühlen, gelegentlich auch durch Riechen:
- Ich sehe die Zahl unterm Strich.
- Ich höre ein Lob.
- Ich fühle meinen Erfolg.

Wie werde ich oder wollen wir gemeinsam – jeder auf seine Weise – sinnlich wahrnehmen, wenn das Ergebnis, das Ziel erreicht ist? Je genauer ich das weiß, um so stärker wirkt das Ziel, um so höher ist die Wahrscheinlichkeit, daß ich es erreiche.

Fragen: Wie weiß ich, wenn ....

Woran merke ich, daß ich das Ziel erreicht habe?

P = Positiv formuliert

Die Vermeidung von Negativem ist sinnlich nicht wahrnehmbar:

- Wir wollen Marktanteilsverluste verhindern: *Was wollen wir statt dessen?*

Ergebnisse werden positiv formuliert: Wir wollen die Position x im Markt (und die nehmen wir so und so sinnlich wahr).

- Wir wollen die Umweltkritik der Öffentlichkeit minimieren: *Was wollen wir statt dessen?*

Wir wollen unsere Fortschritte im Leistungsbereich der Öffentlichkeit bewußt machen (und das lesen wir z. B. in der Zeitung).

Fragen: Falls negativ formuliert: Was willst du statt dessen?

Oder: Wie formulieren wir das Ziel positiv?

E = Eigeninitiativ erreichbar

Ziel und Ergebnisse, die nicht eigenständig, sondern nur mit Hilfe anderer initiiert und erreicht werden können, verpflichten nicht, machen nicht verantwortlich. Sie erlauben Rechtfertigungen und Schuldzuweisungen an andere, die uns nicht im Sinne des Zieles unterstützen.

Frage: Können wir (ich) das Ziel mit eigener Initiative angehen, aus eigener Kraft erreichen?

C = Contextspezifisch definiert

Ziele werden im jeweiligen Umfeld (siehe Hintergrundinformationen) aufgestellt und gelten nicht universell. Sie werden im Zusammenhang *spezifiziert* bzw. *konkretisiert*. Das macht sie vorstellbar und nahe:

gelegentlich werden solche Ziele nicht mehr Ziele, sondern Teilziele oder Nahziele etc. genannt (Outcomes).

Frage: In welchem Kontext soll welches Ziel spezifisch erreicht werden?

I = Intentionserhaltend

Alte Ziele, Verhaltensweisen, usw. haben positive Intentionen. Sofern Wandel durch Ziele bedingt ist, wird er einfacher zu erreichen sein, wenn die positiven Absichten der alten Ziele eingebaut werden können. Es wird nichts aufgegeben, sondern hinzugefügt (Ökologie-Check).

Frage: *Was ist die positive Intention der jetzigen Situation* (die durch die Zielsetzung verändert werden soll), und wie kann sie erhalten bleiben?

Die folgende Geschichte von Milton H. Erickson ist eine der „Lehrgeschichten", die Erickson seinen Patienten und seinen Schülern erzählte. Hier, an dieser Stelle kann sie vielleicht helfen, klar zu machen, daß jemand, der schon zu stehen, zu gehen und zu sprechen gelernt hat, wohl auch alles andere lernen kann. Wenn Sie sich nicht mehr an Ihre ersten Versuche zu stehen erinnern können, beobachten Sie, wieviel Lust das Lernen und Wachsen einem ganz kleinen Kind bereitet.

„Wir lernen sehr viel ganz bewußt und vergessen dann, was wir lernen und benutzen einfach die Fähigkeiten."

Lernen zu stehen*

Du hast keine Ahnung, wie du selbst gelernt hast zu stehen. Du weißt nicht einmal, wie du laufen gelernt hast. Und du glaubst, du könntest sechs Häuserblocks lang auf einer geraden Linie gehen – ohne Fußgänger oder Autoverkehr. Du weißt nicht, daß es dir unmöglich wäre, auf einer geraden Linie mit einer gleichmäßigen Geschwindigkeit zu gehen. Du weißt nicht, was du tust, wenn du gehst. Du weißt nicht, wie du stehen gelernt hast. Du hast es gelernt, indem du mit der Hand hochgegriffen und dich hochgezogen hast. Auf deine Hände wurde Druck ausgeübt und – zufällig – hast du entdeckt, daß du Gewicht auf deine Füße verlagern konntest. Das ist wahnsinnig kompliziert, denn deine Knie gaben immer nach und wenn sich deine Knie gerade hielten, dann gaben deine Hüften nach. Dann überkreuzten sich deine Füße, und du konntest dann nicht stehen, weil sowohl Knie als auch Hüften immer nachgaben. Deine Füße waren über Kreuz, und du lerntest rasch, sie weit auseinanderzusetzen und du ziehst dich hoch und hast unheimlich zu tun, zu lernen, wie man die Knie gerade hält. Eins nach dem anderen, und sobald du das gelernt hast, mußt du lernen, wie du deine Aufmerksamkeit darauf richtest, die Hüften gerade zu halten. Und dann stelltest du fest, daß du lernen mußtest, auf gerade Hüften und Knie und weit auseinandergesetzte Füße zu achten. Nun konntest du endlich stehen. Die Füße weit auseinander, aufgestützt auf deine Hände.

Dann kam die Lektion in drei Stufen. Du verteilst dein Gewicht auf die eine Hand und deine beiden Füße. Diese Hand stützt dich überhaupt nicht (Erickson hebt die linke Hand). Es ist wirklich harte Arbeit. Du sollst lernen aufrecht zu stehen, Hüften gerade, Knie gerade, Füße

---

* Aus: Sidney Rosen: Die Lehrgeschichten von Milton H. Erickson, iskopress, 2. Aufl. 1990

auseinander, diese (die rechte) Hand stützt sich hart auf. Dann entdeckst du, wie du deine Körperbalance veränderst. Du veränderst deine Körperbalance, indem du deinen Kopf wendest, deinen Körper drehst. Du mußt lernen, alle Veränderungen der Körperbalance zu koordinieren, wenn du deine Hand, deinen Kopf, deine Schulter, deinen Körper bewegst – und dann mußt du dasselbe noch einmal mit der anderen Hand lernen. Dann kommt die unglaublich schwierige Aufgabe zu lernen, wie man b e i d e Hände hochnehmen kann und wie man die Hände in alle Richtungen bewegen und wie man sich auf die solide Basis der beiden weit auseinanderstehenden Füße verlassen kann. Und dann sollen die Hüften geradegehalten werden und die Knie und die Aufmerksamkeit so geteilt werden können, daß man sie den Knien, den Hüften, dem linken Arm, dem rechten Arm, dem Kopf und dem Körper zuwenden kann. Und wenn du schließlich geschickt genug warst, hast du versucht, auf einem Fuß zu balancieren. Das war ein teuflisch schwerer Job!

W i e hält man seinen gesamten Körper mit geraden Hüften, geraden Knien und fühlt gleichzeitig Hand-, Kopf- und Körperbewegungen? Und dann setzt du einen Fuß nach vorn und veränderst das Schwerpunktzentrum deines Körpers! Deine Knie beugen sich – und du setzt dich hin! Du stehst wieder auf und versuchst es noch einmal. Und schließlich hast du gelernt, wie du einen Fuß nach vorn bringst und einen Schritt machst, und das schien ganz gut zu sein. Und so wiederholst du es – und es macht Spaß. Dann der dritte Schritt – mit demselben Fuß – und du fällst hin. Du hast lange gebraucht, um rechts und links und rechts und links und rechts und links abzuwechseln. Nun konntest du mit den Armen schwingen, den Kopf wenden, rechts und links gucken und geradeaus gehen und brauchtest kein bißchen Aufmerksamkeit mehr auf die geraden Knie und die geraden Hüften zu wenden.

IV

Software für die fortgeschrittene Kommunikationspraxis

Moment of Excellence

Im Gegensatz zu anderen Therapieformen soll der Klient im NLP so viel wie nötig, aber so wenig wie möglich in der Problem-Physiologie sein, weil er in diesem Zustand die geringsten Möglichkeiten hat, Lösungen zu erarbeiten.

Wir legen viel Wert auf einen guten ressourcevollen Zustand des Klienten, damit er bei der Erarbeitung von Lösungen den bestmöglichen Zugang zu seinen Fähigkeiten hat. Letztendlich besteht die Kunst des Lebens darin, sich in jeweils der Verfassung zu befinden, die für das, was man tun nöchte, die geeignetste ist.

Die „Moment of Excellence-Technik" ist dazu geeignet, den Klienten in eine derartige Arbeitsphysiologie zu versetzen. Sie ist für die meisten Interventionstechniken im wörtlichen Sinne die Grundlage, auf der dann die weitere Arbeit aufbaut. Je ressourcevoller die Arbeits-Physiologie des Klienten ist, desto besser wird der Rapport, desto effektiver die Zusammenarbeit sein.

Die „Moment of Excellence-Technik" baut sich in sechs Schritten auf:

1. Ressource-Situationen erinnern

Der Klient – A – wird aufgefordert, drei Situationen, in denen er als Erwachsener ein Maximum an Energie und positiven Fähigkeiten zur Verfügung hatte, auszusuchen. Drei Situationen aus seinem Leben, in denen er in excellenter Verfassung war. A soll jedesmal, wenn er eine Situation gefunden hat, ein Zeichen geben. B beobachtet A, um vielleicht – anhand der beobachteten Physiologie – bei der Auswahl der stärksten Situation beraten zu können.

2. Auswahl des Moment of Excellence

A wird aufgefordert, von diesen drei Situationen die schönste auszu-
wählen: *„Jetzt möchte ich, daß du von diesen drei Situationen die aus-
wählst, die du im Moment am schönsten findest."*

3. Darstellung des Moment of Excellence

a) Die schönste Situation wird nun in der Gegenwart dargestellt.
B spricht von dieser Situation nur im Präsens: *„Gehe bitte in deiner
Vorstellung in den Moment der Situation, wo sie am schönsten ist. Wo
bist du da?"*

b) A wird in die Situation hineinhypnotisiert. *„Wie ist deine Körperhaltung dabei?"* A soll möglichst die mit der excellenten Situation
identische Körperhaltung einnehmen.

c) Während A in dieser Körperhaltung ist, wird die Trance vertieft,
indem die Situation in allen Repräsentationssystemem (V.A.K.O.)
dargestellt wird.

*„Was siehst du, wenn du in dieser Haltung in dem Moment bist? Was
hörst du, fühlst du, riechst und schmeckst du?"*
Der Zustand wird vertieft, wenn – bevor ein neues Repräsentationssystem dargestellt wird – alle aus den anderen Systemen vorhandenen Repräsentationen noch einmal mit ruhiger, langsamer
Stimme zitiert werden. B beobachtet A's Physiologie und verstärkt
den Trance-Zustand in den Repräsentationssystemen, in denen es
zu einer deutlichen Ausprägung der Ressource-Physiologie kommt.

d) Nachdem die Situation in allen Repräsentationssystemen dargestellt ist, grenzt B durch eine Prozeßinstruktion die excellente
Situation auf den Moment of Excellence ein: *„Gehe bitte noch einmal
in die Situation hinein und vergegenwärtige dir, was der absolut
schönste Moment ist. Du kannst diesen Moment in deiner subjektiven*

*Zeit auch länger machen – auch wenn du objektiv nur eine Sekunde
drin bist. Mache ihn subjektiv länger und genieße ihn.* "

Während A nun im Moment of Excellence ist, achtet B besonders
auf kleine ideomotorische Bewegungen, die möglicherweise zu dem
Moment of Excellence dazugehören.

Ein auditiver (Eigen-) Anker ist auch sehr hilfreich: „Im Moment
der größten Excellenz" soll A diesen Zustand mit einem absolut dazu-
gehörenden Wort bezeichnen. Das hilft später, den excellenten Moment leicht abzurufen.

4. Separator-State

B holt A aus der Trance zurück, um ihm ein Feedback zu geben.

5. Instruktions-Feedback

B schildert A die im Moment of Excellence beobachtete Physiologie.
Besonderer Wert muß dabei auf die minutiöse Schilderung kleiner
ideomotorischer Bewegungen gelegt werden. A wird von B instruiert,
diese unbewußten Bewegungen bewußt zu wiederholen. Wenn eine
kleine Bewegung gefunden ist, die die Ressource-Physiologie hervorruft, wird A instruiert, diese Bewegung bis ins Detail hinein nachzu-
machen. Je genauer die Nachahmung der Bewegung gelingt, desto
tiefer wird sich A in den Moment of Excellence hineinversetzen, desto
stärker wird sich die Ressource-Physiologie ausprägen. A gewinnt so
einen bewußt verfügbaren kinästhetischen Selbstanker, durch den er
sich jederzeit wieder in die Moment of Excellence-Physiologie versetzen kann.

6. Future Pace

B fordert A nun auf, eine Situation in der Zukunft zu suchen, in der
es gut wäre, über die Moment of Excellence-Ressource zu verfügen.

*„Suche dir eine Situation in der Zukunft aus, wo du diese Erfahrung
gerne zur Verfügung hättest. Und mache ein kleines Ritual oder irgend
etwas, das sicherstellt, daß du dich in dieser Situation an diese Bewegung
erinnern kannst."*

Anker

Anker sind Sinneswahrnehmungen, die *immer eine bestimmte Reaktion* hervorrufen. Alltägliche Anker sind z. B. das Klingeln des Telefons, das Klingeln des Weckers, eine rote oder grüne Ampel, Verkehrszeichen, Markenzeichen, Signets, der Geruch von Kaffee am Morgen, etc..

Auf allen Repräsentationssystemen sind Anker gesetzt, die immer wieder bestimmte Reaktionen und Physiologien auslösen und uns so das Leben erleichtern – oder auch nicht.

Übung 25

Ordnen Sie die folgenden aufgelisteten Reize, die bei einigen Leuten als Anker funktionieren, den richtigen Repräsentationssystemen zu.

Visuell	V
Auditiv	A
Kinästhetisch	K
Olfaktorisch/Gustatorisch	OG

	Repräsentationssystem	Meine geankerte Reaktion
Winken		
Husten		
„STOP"-Zeichen		
Geruch von Gebratenem		
jemand runzelt die Stirn		
Bohrgeräusch beim Zahnarzt		
Gabel quietscht auf dem Teller		
Essen auf dem Teller		
Lächeln		
Jucken		
offenes Schuhband		
Fabrik-Sirene		
Zigarettenrauch		
ein bestimmtes Parfüm		
Tür knallt		
Händeschütteln		
Niesen		
ein bestimmtes Musikstück		
Mercedes-Stern		
die Stimme des Vaters		
Fingernagelkratzen auf der Tafel		

Stellen Sie fest, welche Reize bei Ihnen als Anker funktionieren und welche Reaktion sie bei Ihnen auslösen.

Übung 26

Versuchen Sie, sich in den nächsten Tagen aller in Ihrer Umgebung – zu Hause, am Arbeitsplatz, auf der Straße, etc. – vorkommenden Anker und Ihrer (automatischen) Reaktionen auf diese Anker bewußt zu werden.

Achten Sie auch darauf, wo und wie Sie das Konzept des Ankerns gegenüber anderen Menschen benutzen.

Notieren Sie alle Anker und die darauf erfolgenden Reaktionen in der folgenden Tabelle. Ordnen Sie die Anker nach dem Code aus Übung 25 auch dem richtigen Repräsentationssystem zu.

Anker	Reaktion	Repräsentation

Weil wir mit dem ganzen Körper und nicht nur mit dem Kopf lernen, gibt es für jeden Menschen innerhalb seiner Lerngeschichte auf jedem Repräsentationssystem viele, viele Anker. Man kann das in der allgemeinen Kommunikation oder auch speziell in der Therapie nutzen. Gezielt eingesetzt ist das Konzept des Ankerns sehr erfolgreich. Wichtig dabei ist die Nutzung bereits vorhandener, vor allem aber auch das Setzen neuer Anker.

Übung 27

Beobachten Sie eine Person in einem bestimmten Gefühlszustand – z. B. jemanden, der eine angenehme Begegnung beschreibt. Kalibrieren Sie sich auf die Physiologie dieser Person in diesem Zustand und ankern Sie den Zustand – z. B. durch ein Fingerschnipsen, durch ein „Ohh" oder ähnliches.

Lassen Sie einige Zeit vergehen – zumindest so lange, bis von dem geankerten Zustand keine Anzeichen mehr wahrnehmbar sind. Lösen Sie dann den Anker aus – indem Sie z. B. genau wie vorhin mit den Fingern schnippen – und beobachten Sie, was passiert.

Wiederholen Sie diese Übung mit verschiedenen Personen so lange, bis Sie die gewünschten Ergebnisse erzielen. Ankern Sie in verschiedenen Repräsentationssystemen, und setzen Sie die Übung so lange fort, bis Sie im visuellen, auditiven und kinästhetischen System ankern können.

Protokollieren Sie Ihre Übungen in den folgenden Details und beschreiben Sie den Zustand, auf den Sie sich kalibriert haben.

Beschreiben Sie die äußeren Zeichen, die diesen Zustand anzeigten: _____

_____

Welchen Anker haben Sie gesetzt? _____

_____

In welchem Repräsentationssystem haben Sie geankert? _____

_____

Welches Ergebnis haben Sie erzielt? _____

_____

Übung 28

1.) A und B sitzen sich gegenüber.

A erinnert sich an eine sehr positive und glückliche Erfahrung.

B beobachtet A und kalibriert sich auf die Glücks-Physiologie.

A benennt seinen Glücks-Zustand mit einem Stichwort.

B wiederholt dieses Stichwort in möglichst genau der Intonation von A solange, bis A mit der Intonation zufrieden ist.

2.) A erinnert sich an eine unglückliche Erfahrung und gibt B ein Zeichen, wenn diese Erfahrung präsent ist.

3.) B benutzt jetzt das als Anker gesetzte Wort für die glückliche Situation und beobachtet die Veränderungen, die durch diesen Wortanker ausgelöst werden.

Übung 29

Finden Sie für sich eine Situation, in der Sie auf Grund Ihrer Fähigkeiten sehr erfolgreich waren. Repräsentieren Sie sich diese Situation auf allen Sinneskanälen:

Wie können Sie Ihr Bild optimieren?

- Machen Sie die Farben zarter oder kräftiger.
- Machen Sie das Bild größer oder kleiner, schärfer oder unschärfer?
- Sehen Sie ein Standbild oder einen Film?
  Lassen Sie die Situation in der für Sie angenehmsten Geschwindigkeit ablaufen.
- Steigen Sie so in das Bild ein, daß Sie assoziiert sind und alles aus der subjektiven Perspektive erfahren.

Achten Sie darauf, ob sich Ihr Gefühl für die positive Situation durch die Veränderungen verbessert. Probieren Sie aus, wie es sich für Sie am besten anfühlt.

Wie können Sie Ihr Hörerlebnis verbessern?

- Hören Sie Geräusche oder Stimmen, laut oder leise, fern oder nah, von links oder von rechts?
- Regeln Sie die Lautstärke und die Tonhöhe so, daß Sie sich dabei wohler fühlen.

Wie können Sie Ihr Fühlen optimieren?

- Spüren Sie die Bewegungen, die Sie in dieser Situation machen.
- Wie fühlt sich Ihr Gesicht an, Ihre Schultern, Ihre Arme...?

Was schmecken, was riechen Sie?

- Gibt es einen besonderen Geschmack oder Geruch in dieser Situation?

Nachdem Sie sich Ihre Erfolgs-Situation nun auf allen Systemen repräsentiert haben und Sie sie rundherum sinnlich wahrnehmen können und sich wohl dabei fühlen, finden Sie ein Wort, das dieses Erfolgs-Gefühl am besten ausdrückt und sagen Sie es leise vor sich hin.

Beim nächsten Mal, wenn Sie in einer Situation sind, in der Sie gut die Eigenschaft und Fähigkeiten, durch die Sie in dieser Situation erfolgreich waren, gebrauchen könnten, flüstern Sie sich das „Erfolgswort" in Ihrem Inneren zu.

Change History

Die Veränderung der persönlichen Geschichte
oder: Es ist nie zu spät, eine glückliche Vergangenheit gehabt zu haben.

In der Moment of Excellence-Technik ist das Konzept des Ankerns bereits eingesetzt worden. Dort wurde eine Ressource-Physiologie mit Hilfe einer ins Bewußtsein gehobenen ideomotorischen Bewegung geankert: A hat dort einen bewußt verfügbaren Selbstanker gewonnen, durch den er sich jederzeit wieder in die Moment of Excellence-Physiologie versetzen konnte.

Durch die „Change History-Technik" wird das Gesetz des seriellen Versagens außer Kraft gesetzt: Einer nicht wünschenswert und immer wieder auftretenden Problemsituation wird die gleiche, aber wünschenswert positiv verlaufende Situation gegenübergestellt. Beide Situationen werden geankert. Die geankerten Situationen werden dann integriert.

Ziel der Technik ist es, dem Klienten die Angst vor der immer wieder auftretenden Problemsituation zu nehmen und ihm für die Bewältigung dieser Situation eine Ressource zur Verfügung zu stellen.

Die Change History-Technik baut sich in 9 Schritten auf:

1. Rapportcheck

Überprüfung der Berührungspunkte für zwei kinästhetische Anker. Der Klient soll weder in eine Euphorie noch in einen negativen Zustand geraten, wenn er an den betreffenden Punkten berührt wird. Die Punkte für die kinästhetischen Anker sollen in diesem Sinne neutrale Punkte sein. Sie müssen an deutlich unterscheidbaren Punkten des Körpers liegen, damit B sie nicht verwechseln kann. Bewährt haben sich die Punkte an der Schulter, am Ellenbogen oder an der Hand.

2. Induktion der Problem-Physiologie

a) *„Gehe bitte innerlich in diese Situation, in der die Dinge nicht so gut gelaufen sind."*
Wenn A durch Nicken anzeigt, in der Problem-Situation zu sein, und wenn die Problem-Physiologie sichtbar wird, kann B den ersten Anker setzen.

b) Wenn A sich die Problemsituation nicht repräsentieren kann und wenn dementsprechend auch keine Problem-Physiologie sichtbar wird, kann A durch eine V.A.K.O.-Hypnose in die Situation hineingeleitet werden: *„Vergegenwärtige dir, was es in dieser Situation zu sehen, ... zu hören, ... zu fühlen, ... zu riechen ... und zu schmecken gibt und komme mit einem Wort wieder zurück, das diese Situation am treffendsten kennzeichnet."* *(Eigenanker zusätzlich zum externen Anker)*
A soll nicht unnötig leiden und es ist deshalb nicht nötig, ihn zu tief in die Problemsituation hineinzuhypnotisieren. Es reicht, wenn die Problem-Physiologie nur schwach ausgeprägt ist.

3. Separator-State

4. Induktion der Ressource-Physiologie

a) Identifikation einer Ressource oder eines Ressourcen-Paketes:
„Du als reifer erwachsener Mann/als reife erwachsene Frau hast schon enorm viel in deinem Leben gelernt. Welche von all diesen erlernten

Fähigkeiten wäre gut gewesen, wenn du sie in dieser Situation, an die du gerade gedacht hast, zur Verfügung gehabt hättest? Benenne sie mit einem Phantasie-Namen. "

b) Identifikationen einer Ressource-Situation: „Identifiziere bitte eine Situation, die repräsentativ für dich mit dieser Ressource ist."

c) V.A.K.O.-Hypnose: B kann A durch eine V.A.K.O.-Hypnose in die Situation hineinleiten. B wird dabei darauf achten, eine möglichst ausgeprägte Ressource-Physiologie zu erhalten.

„Vergegenwärtige dir, was es in dieser Situation ... (Phantasie-Name für die Situation) zu sehen (sieh dich nicht dissoziiert, sondern sehe alles aus deiner subjektiven Perspektive), ... zu hören, ... zu fühlen, ... zu riechen und zu schmecken gibt und komme mit einem Wort zurück, das diesen Zustand am besten kennzeichnet. "

B wird A während a, b und c beobachten und bei jedem Zeichen einer Ressource-Physiologie ankern. Beim Ankern kann B, wenn sich die Ressource-Physiologie – z. B. während der V.A.K.O.-Hypnose – stärker ausprägt, auch den Druck des kinästhetischen Ankers verstärken.

5. Separator-State und Test des Problem- sowie des Ressource-Ankers

6. Integration

a) Instruktion: „*Ich möchte, daß du noch einmal in die Problem-Situation ... gehst und sie neu erlebst. Nimm dabei deine Fähigkeiten aus der Situation ... (Phantasie-Name der positiven Situation)... mit. Tu das jetzt.*"

b) Anker auslösen: Bei dem Wort „*jetzt*" wird zunächst der Problem-Anker und dann mit geringer Verzögerung der Ressource-Anker gedrückt. Während der Druck auf den Problem-Anker noch zunimmt, wird also der Ressource-Anker so ausgelöst, daß er den Problem-Anker einholt. Dann werden beide Anker balancierend zur jeweils dominierenden Physiologie von A gedrückt. Wenn die Problem-Physiologie dominiert, muß der Ressourcen-Anker stärker gedrückt werden und umgekehrt, zusätzlich wird nun mit den beiden Wörtern (Eigenanker) gespielt, z. B. wird aus *„Einengung"* (Problem) und *„Freiheit"* (Ressource) *„Einheit"* und *„Freiengung"*.

c) Rücknahme der Anker: Nachdem sich die Physiologien gemischt haben und die neue Physiologie stabil bleibt, läßt B die Anker los. Falls an den Knöchel der Hand geankert wurde, wird die Hand jetzt in den Schoß des Klienten gelegt.

„Nimm dir nun Zeit, deine Ressourcen so einzusetzen und die Situation innerlich so zu gestalten, daß du wirklich zufrieden bist, und dann komm zurück hierher."

7. Kongruenz-Check

Wenn A aus der Hypnose zurückkommt, fragt B: *„Bist du zufrieden mit deiner neuen Vergangenheit?"*

Bei der Antwort auf diese Frage achtet B darauf, ob sie kongruent ist und ob die Haltung von A symmetrisch ist. Ist die Antwort inkongruent oder treten asymmetrische Körpersymptome auf, kann ein Kurz-Reframing durchgeführt werden, das den Kontext oder die Konsequenzen zu der *„neuen Vergangenheit"* bearbeitet.

8. Future Pace

Wenn A mit seiner neuen Vergangenheit wirklich zufrieden ist, kann ein Transport in die Zukunft stattfinden: *„Es gibt im Leben immer* *wieder ähnliche Situationen. Stell dir vor, wie eine solche Situation in Zukunft sein könnte. Durchlebe eine solche Situation jetzt mit deiner Ressource.* "

Dabei löst B den Ressourcen-Anker aus: „*Was ist jetzt das erste, was du siehst, ... hörst, ... fühlst, ... riechst und schmeckst?*"

Während A nun in der V.A.K.O.-Hypnose die zukünftige Situation durchlebt, läßt B den Anker los.

9. Kongruenz-Check für den Future Pace wie 7.

Es war einmal in Schlummerland*

Es war einmal in dem fernen Schlummerland, da lebte ein Troll, der die Brücke zwischen dem Stadtvolk und den Bewohnern der welligen Hügel bewachte ... Nun war dieser Troll das einzige Lebewesen, das sowohl mit den Stadtleuten, deren Spitzname die „Normalen" war, als auch mit den Hügelleuten oder den „Primitiven" direkten Kontakt hatte. Die Normalen und die Primitiven wußten voneinander; die Normalen hatten viele Sagen und Volksbücher, die von jenem geheimnisvollen und unabhängigen kleinen Volk erzählten, das am Tag nicht zu sehen war und im Sternen- und Mondlicht herumtollte. Die Normalen hatten die Hügelleute immer als eine niedere Klasse angesehen, denn die Primitiven liebten Possen und spielten gerne mit den Mondstrahlen, die sie von den Hügeln in die Stadt hinunter schleuderten, und sie johlten und stampften mit den Füßen, wohingegen die ruhigen Normalen versuchten, ihre acht Stunden Schlaf zu bekommen, um während des Tages mit höchster Leistungsfähigkeit zu funktionieren. Das Hauptvergnügen der Normalen bestand in der Erkenntnis, daß sie die Zähigkeit und die Fähigkeit besaßen, als Einheit zu funktionieren und damit die tüchtigste Stadt in Schlummerland zu sein. Du kannst dir also denken, daß die Normalen die Primitiven nicht gerade mit freundlichen Gefühlen betrachteten ... man könnte sogar sagen, sie gingen ihnen ziemlich auf die Nerven, du könntest auch sagen, ich bin aber nicht sicher, ob du das sagen würdest ...

Die Primitiven hatten ebenfalls feste Ansichten über die Stadtleute und hielten sie für sehr langweilig. Sie waren aber anders als das Stadtvolk, weil sie in der Tradition erzogen waren, den Stadtleuten die Stirn zu bieten..., doch die Methoden die sie benutzten, führten zu nichts, und die Primitiven beriefen ein Höhlentreffen ein, um das Problem zu klären, denn sie

---

* Aus: David Gordon: Therapeutische Metaphern, Junfermann, 4. Aufl. 1991

wünschten sich, daß die Normalen ihre Seite des Lebens kennenlernen sollten, weil das ihrem Gefühl nach eindeutig mehr Spaß machte. Während des Höhlentreffens – übrigens das erste überhaupt – sangen sie und tanzten und speisten und hatten eine vergnügliche Zeit. Zu ihrer Überraschung jedoch waren keine Beschlüsse gefaßt, geschweige denn überlegt worden. Das Leben ging weiter wie bisher, bis eines Tages während der Abenddämmerung – gerade als die Normalen sich fürs Bett fertig machten und die Primitiven aufstanden und sich zur Vorbereitung auf die Nacht ihre langen Bärte wuschen – ein seltsamer Ton zu hören war. Alle Bewohner der Stadt und der Hügel erstarrten in ihren Bewegungen.

Woher kam dieser Ton? Während sie zuhörten, begannen sie nach und nach, die Stimme des Trolls zu erkennen; es war ein klagender Ton, der aus dem Tal zwischen den beiden Völkern kam. Es klang wie das dumpfe Grollen eines sterbenden Drachen. Da die Primitiven den Troll kannten und auf gutem Fuß mit ihm standen, waren sie besorgt und gingen hinüber, um zu sehen, was los war. Das Stadtvolk hörte die Töne auch und war aus seinen Betten aufgeschreckt – auch sie gingen zu der Brücke. Und so versammelten sich an diesem Abend in der Stunde der Dämmerung unter dem dunkler werdenden Himmel die Primitiven und die Normalen, mit dem Troll in der Mitte. Und der Troll fing zu sprechen an: „Seit endlosen Jahren bin ich Zeuge, wie eure beiden Völker miteinander umgegangen sind – länger, als ich mich erinnern kann; aber jetzt ist die Zeit gekommen. Ihr habt eure eigene Art, mit dem Leben umzugehen, und für jeden von euch ist diese Art zu diesem Zeitpunkt die richtige".

Die Primitiven sahen die Normalen und die Normalen die Primitiven an, und sie wußten, daß er recht hatte; und genau in diesem Moment fingen die Normalen an zu lachen, und die Primitiven verfielen darob in ehrfürchtiges Schweigen.

Und so begann ein neues Zeitalter, in dem die Primitiven und die Normalen ihre Lebensweisen miteinander teilten.

160

Collapsing Anchors

Die Integration dissoziierter Physiologien

„Change History" ist eine Spezialform von „Collapsing Anchors", der Integration dissoziierter Physiologien. Hier wird für die Bewältigung einer sich immer wiederholenden Problemsituation eine Lösung erarbeitet und als Ressource in Form einer „neuen Vergangenheit" geankert. Über diese „neue Vergangenheit" kann der Klient nun verfügen und so der Zukunft und der Wiederkehr der Problemsituation ohne Angst entgegensehen.

Für die Integration dissoziierter Physiologien geht man davon aus, daß es im Grunde keine „Problem-Physiologie" gibt, sondern daß jede Physiologie im entsprechenden Kontext eine Ressource ist. So verfügt z. B. jemand in alkoholisiertem Zustand über eine Reihe von Fähigkeiten, über die er im nüchternen Zustand niemals verfügt und umgekehrt. Beide Physiologien sind so weit voneinander dissoziiert, daß der Betreffende immer nur über einen Teil seines Potentials verfügt. Es ist möglich, daß jemand mit alkoholisierter Physiologie wie ein völlig anderer Mensch erscheint; und es liegt nahe, hier von einem Dr. Jeckyll und Mr. Hyde-Phänomen zu sprechen.

Natürlich findet die Dissoziation von Physiologien und Handlungsmöglichkeiten nicht nur in dem hier gewählten Beispiel statt. Sie kann bei allen gegensätzlichen Zuständen beobachtet werden. Die folgenden Gegensatzpaare sind Beispiele, die jeder durch Erfahrungen aus seinem Alltagsleben ergänzen kann:

gute Laune	–	schlechte Laune
rauchen	–	klar atmen
hungrig	–	satt

morgens	–	abends
erregt	–	ruhig
Regenwetter	–	Sonnenwetter

Zu jedem Gegensatzpaar lassen sich zwei verschiedene Physiologien finden, die jeweils die Grundlage für spezielle Fähigkeiten sind.

Man kann davon ausgehen, daß ursprünglich jeder über ein vollständiges Verhaltens-Spektrum verfügte, daß aber im Laufe der Entwicklung – orientiert an speziellen Kontexten – eine Auswahl und Organisation von Physiologien und Verhalten stattgefunden hat. Wir sprechen hier von sequentiellen Dissoziationen, d.h. die verschiedenen physiologischen Zustände können nur in zeitlich getrennten Sequenzen auftreten. Die Integration sorgt dann dafür, beide Physiologien simultan, d.h. gleichzeitig erfahrbar zu machen.

Um einem Klienten nun in bestimmten gegensätzlichen, für ihn wichtigen Situationen sein volles Verhaltenspotential wieder zu erschließen (und auch zur Vorbereitung eines 6-Step-Reframing), ist es wichtig, die beiden dissoziierten Physiologien zu integrieren.

Dabei werden die verschiedenen Physiologien, die an gegensätzlichen Zuständen oder Situationen geankert sind, mit neuen Ankern gekoppelt, die man dann gleichzeitig auslösen und zusammenfallen lassen kann, so daß sich die dissoziierten Physiologien integrieren. Bei der Integration der dissoziierten Physiologien ist nicht selten eine spontane Altersregression des Klienten zu beobachten. Dies kann als Indiz dafür gewertet werden, daß sich die Dissoziation erst im Verlauf der Geschichte des Betreffenden entwickelt hat.

Die Collapsing-Anchor-Technik, die Integration der dissoziierten Physiologien, baut sich in 8 Schritten auf:

1. Rapportcheck

2. Induktion der Physiologie I

a) Identifikation der ersten Situation:
   „Gehe bitte innerlich in eine Situation, die für dich in dem einen Zustand typisch ist."
b) V A K O – Hypnose

In a) und b) wird fortlaufend synchron zur Ausprägung der Physiologie geankert.

3. Separator-State

4. Induktion der Physiologie II

Induzieren und ankern der zweiten Physiologie wie in Schritt 2.

5. Separator-State und Test der Anker

6. Integration der Physiologien

Beide Anker werden gleichzeitig ausgelöst. Wichtig dabei ist ein von A akzeptierter Rahmen, der Prozeßinstruktionen möglich macht, die es erlauben, mit beiden Ankern zu spielen.

Z. B.: *„Ich will ein kleines Experiment mit dir machen, bist du damit einverstanden?"*

„Stelle dir vor, du bist an einem bestimmten inneren Ort, wo du bestimmte Sachen erfahren kannst... etwas lernen kannst. Vielleicht ist es

dort hell oder vielleicht auch dunkel. Und es kann sein, daß du sehr entspannt bist, vielleicht aber auch angespannt oder irgend etwas dazwischen. Und es kann sein, daß du bestimmte Gerüche wahrnimmst. Es kann auch sein, daß dich bestimmte Sachen sehr interessieren in dieser Realität, in der du jetzt bist, in einer Art Traumrealität, oder vielleicht sind es nur Gedankengänge, assoziierte Ketten, ..." usw.

Diese Formulierungen, die dem Klienten viel Raum für seine eigenen Vorstellungen geben, werden im NLP „Fluff" genannt. Sie geben dem Klienten als Prozeßinstruktionen den Rahmen, mit seinen Ankern zu spielen und unterstützen, weil sie so allgemein formuliert sind, die individuellen Prozesse, die dieser in der Integrationsphase durchläuft.

7. Future Pace

„Finde drei Situationen in der Zukunft, in denen das eben Erlebte wichtig für dich sein wird."

8. Öko-Check

Die symmetrische Haltung des Patienten zeigt an, daß die Integration der beiden dissoziierten Physiologien ökologisch verlaufen ist.

Bei *Asymmetrien:* Kurz-Reframing oder andere Situationen zur Anwendung des soeben Gelernten suchen lassen.

So gut wie alle Techniken des NLP kommen ohne die Erörterung von Inhalten aus. Für die Moment of Excellence-Technik und auch für Change History ist es nicht notwendig, daß B auch nur über irgendeinen Inhalt informiert ist. Viel wichtiger ist es, daß B den Prozeß, den er durch eine Technik in Bewegung bringt, minutiös beobachtet und steuert.

Bandler und Grinder sagen dazu in einer Übungsanleitung, die ihrem Buch „Neue Wege der Kurzzeit-Therapie" entnommen ist, folgendes:

„Immer, wenn wir jemanden bitten vorzukommen, um zu Demonstrationszwecken durch einen Veränderungsprozeß zu gehen, bestehen wir darauf, daß er den Inhalt für sich behält. Gewöhnlich sagen wir: ‚Ich möchte, daß du dir irgendein Codewort, eine Farbe, eine Nummer oder einen Buchstaben für das aussuchst, was du ändern möchtest.' Dann wird derjenige vielleicht sagen: ‚Ich möchte das M können', oder: ‚Ich möchte nicht immer drei müssen'. Das hat eine Reihe von Vorteilen. Wenn es uns darum geht, Leute zu lehren, das zu tun, was wir tun, dann verlangen wir, daß es inhaltsfreie, reine Prozeßtherapie sein soll. Dann gibt es für Eure Wahrnehmung nur die Elemente des Prozesses. Wenn Ihr ‚Nummer drei' hört, könnt Ihr nicht halluzinieren – jedenfalls nicht so ausgiebig, als wenn ihr ‚Selbstbehauptung', ‚Liebe' oder ‚Vertrauen' hört.
Geheimtherapie hat noch einen Vorteil. Wenn man mit Leuten arbeitet, die sich untereinander kennen, weigern sich viele, Material zu bearbeiten, von dem sie annehmen, daß es ihre Beziehungen zu den anderen Anwesenden verändern könnte. Diese Schwierigkeit vermeidet man, wenn man Geheimtherapie macht, denn niemand weiß, was bearbeitet wird."

Auf die Frage: Inwieweit durch ihre Methoden Abhängigkeitsbeziehungen zwischen Therapeuten und Klienten aufgebaut werden, antworten sie an einer anderen Stelle des gleichen Buches:

„Zu den Dingen, um die wir uns in unserer Arbeit besonders bemüht haben, gehört vor allem, sicherzustellen, daß wir Übertragungen und Gegenübertragungen effektiv einsetzen, um Rapport zu bekommen, und dann sicherzustellen, daß wir sie danach nicht mehr brauchen. Nachdem das erreicht ist, brauchen wir sie ganz einfach nicht mehr. Und da sie nicht dasitzen und uns ihre Probleme erzählen, werden wir auch nicht ihre besten Kameraden. Wenn man inhaltliche Therapie macht, gibt es eine reale Gefahr: Man könnte von jemandem der beste Freund werden.

Dann endet es so, daß sie Euch bezahlen, um bei Euch wohnen zu können, denn niemand sonst ist bereit, mit ihnen zusammenzusitzen und ihnen bei ihrem Gefasel über die unerfreulichen Dinge in ihrem Leben zuzuhören. Die Abhängigkeit von uns ist nicht sehr groß.

... Wenn Ihr die Leute fragt, die zu Demonstrationszwecken hier oben waren, so vermute ich, werden sie uns sehr wenig Verantwortung für die Veränderungen zuschreiben, die in ihnen stattgefunden haben, sehr viel weniger, als wenn es eine traditionelle, inhaltsorientierte Therapie gewesen wäre. Das ist einer der Vorteile der Geheimtherapie: sie erzeugt nicht solche Abhängigkeitsbeziehungen."

NLP unterscheidet sich von anderen Therapieformen grundsätzlich, wenn es um die Bearbeitung von Inhalten geht – *NLP arbeitet weitestgehend inhaltsfrei.* Bandler und Grinder formulieren das (auch in „Neue Wege der Kurzzeit-Therapie") programmatisch so:

„Nach unserer Meinung ist der Prozeß die eigentliche Domäne von professionellen Kommunikatoren. Wenn Ihr Euch mit dem Inhalt beschäftigt, ist es unvermeidbar, daß ihr den Leuten, mit denen Ihr kommuniziert, Teile Eures Glaubens- und Wertsystems aufdrängt.

Die Art der Probleme, die Menschen haben, hat gewöhnlich nichts mit den Inhalten zu tun; sie haben etwas zu tun mit der Struktur, mit der Form, wie sie ihre Erfahrung organisieren. Wenn Ihr angefangen habt, das zu verstehen, wird das Therapiemachen sehr viel leichter. Ihr braucht dann nicht mehr auf den Inhalt zu hören. Ihr braucht dann nur noch herauszufinden, wie der Prozeß abläuft, was sehr viel einfacher ist."

NLP-Therapeuten sind wie Hebammen. Sie geben Prozeßinstruktionen und helfen so dem Patienten bei der Veränderungsarbeit. Indem sie genau beobachten, Feedback geben und immer im genau richtigen Moment den richtigen Schritt tun lassen, sorgen sie dafür, daß einzelne Veränderungen ökologisch in Einklang mit dem Ganzen vonstatten gehen. Roland Gruber erzählt dazu eine für das Klienten-Therapeuten-Verhältnis im NLP typische Geschichte: Das größte Kompliment, das mir ein Klient nach einer Sitzung, die einen wichtigen Veränderungsschritt für ihn brachte, gemacht hat, gipfelte in der Frage: „Was hast du eigentlich die ganze Stunde über getan? Ich habe das Gefühl, ich habe die ganze Arbeit allein gemacht!"

V
Neue Wege finden –
Reframing

Urteilen

Die folgende Geschichte trug sich zur Zeit Laotses in China zu, und Laotse liebte sie sehr.

Ein alter Mann lebte in einem Dorf, sehr arm, aber selbst Könige waren neidisch auf ihn, denn er besaß ein wunderschönes weißes Pferd.

Könige boten phantastische Summen für das Pferd, aber der Mann sagte dann: „Dieses Pferd ist für mich kein Pferd, sondern ein Mensch. Und wie könnte man einen Menschen, einen Freund verkaufen?" Der Mann war arm, aber sein Pferd verkaufte er nie.

Eines Morgens fand er sein Pferd nicht im Stall. Das ganze Dorf versammelte sich, und die Leute sagten: „Du dummer alter Mann! Wir haben immer gewußt, daß das Pferd eines Tages gestohlen würde. Es wäre besser gewesen, es zu verkaufen. Welch ein Unglück!"

Der alte Mann sagte: „Geht nicht so weit, das zu sagen. Sagt einfach: das Pferd ist nicht im Stall. Soviel ist Tatsache; ob es ein Unglück ist oder ein Segen, weiß ich nicht, weil dies ja nur ein Bruchstück ist. Wer weiß, was darauf folgen wird?"

Die Leute lachten den Alten aus. Sie hatten schon immer gewußt, daß er ein bißchen verrückt war. Aber nach fünfzehn Tagen kehrte eines Abends das Pferd plötzlich zurück. Es war nicht gestohlen worden, sondern in die Wildnis ausgebrochen. Und nicht nur das, es brachte auch noch ein Dutzend wilder Pferde mit.

Wieder versammelten sich die Leute und sie sagten: „Alter Mann, du hattest recht. Es war kein Unglück, es hat sich tatsächlich als ein Segen erwiesen."

Der Alte entgegnete: „Wieder geht ihr zu weit. Sagt einfach: Das Pferd ist zurück... wer weiß, ob das ein Segen ist oder nicht? Es ist nur ein Bruchstück, Ihr lest nur ein einziges Wort in einem Satz – wie könnt Ihr das ganze Buch beurteilen?" Dieses Mal wußten die Leute nicht viel einzuwenden, aber innerlich wußten sie, daß der Alte unrecht hatte. Zwölf herrliche Pferde waren gekommen...

Der alte Mann hatte einen einzigen Sohn, der begann die Wildpferde zu trainieren. Schon eine Woche später fiel er vom Pferd und brach sich die Beine. Wieder versammelten sich die Leute und wieder urteilten sie. Sie sagten: „Wieder hattest du recht! Es war ein Unglück. Dein einziger Sohn kann jetzt seine Beine nicht mehr gebrauchen, und er war die einzige Stütze deines Alters. Jetzt bist du ärmer als je zuvor."

Der Alte antwortete: „Ihr seid besessen von Urteilen. Geht nicht zu weit. Sagt nur, daß mein Sohn sich die Beine gebrochen hat. Niemand weiß, ob dies ein Unglück oder ein Segen ist. Das Leben kommt in Fragmenten und mehr bekommt Ihr nie zu sehen."

Es ergab sich, daß das Land nach ein paar Wochen einen Krieg begann. Alle jungen Männer des Ortes wurden zwangsweise zum Militär eingezogen. Nur der Sohn des alten Mannes blieb zurück, weil er verkrüppelt war. Der ganze Ort war von Klagen und Wehgeschrei erfüllt, weil dieser Krieg nicht zu gewinnen war und man wußte, daß die meisten der jungen Männer nicht nach Hause zurückkehren würden.

Sie kamen zu dem alten Mann und sagten: „Du hattest recht, alter Mann – es hat sich als Segen erwiesen. Dein Sohn ist zwar verkrüppelt, aber immerhin ist er noch bei dir. Unsere Söhne sind für immer fort."

Der alte Mann antwortete wieder: „Ihr hört nicht auf zu urteilen. Sagt nur dies: daß man Eure Söhne in die Armee eingezogen hat und daß mein Sohn nicht eingezogen wurde. Wer weiß, ob dies ein Segen oder ein Unglück ist?"

Inhaltliches Reframing

Bedeutungs- und Kontextreframing

Die meisten Witze funktionieren über einen überraschenden Wechsel des Bezugsrahmens – über ein Reframing – und so ist dann – zumindest teilweise – der Witz, das Lachen und die Überraschung in den Reframing-Techniken zur „Medizin" geworden.

Der „Aha-Effekt" erweitert den zuvor verengten Rahmen. Der Humor distanziert vom Problem und plötzlich findet sich im Problem oder direkt daneben eine Lösung, die vorher, weil der Rahmen zu eng war, nicht entdeckt werden konnte.

Wenn wir unsere oft beträchtlichen Probleme auf der Bühne des Volkstheaters – vielleicht bei Ohnsorg – dargestellt sehen, ist das ein Reframing unserer Alltagswelt. Aber das Publikum des Ohnsorg-Theaters sitzt im Parkett und lacht erst einmal über die Darbietung, bevor der Bezug zum eigenen Drama klar wird.

Der Klient ist in einer anderen Situation, und es bedarf eines gut abgesicherten Rapports und großer Sensibilität, um ihn in den Rahmen zu versetzen, aus dem heraus er über sich und das vermeintliche Drama lachen kann.

Das generelle Ziel aller Reframing-Techniken ist es, dem „Symptom" oder unerwünschten Verhalten gegenüber eine zusätzliche, erweiternde, neue Einstellung zu gewinnen. Paul Watzlawick sagt: „Es reicht aus, die Bewertung des Problems zu verändern, anstatt das Problem zu verändern."

Dieser Satz trägt (möglicherweise) ein Reframing in sich. Möglicherweise – denn eine Aussage von Bandler und Grinder (übrigens auch ein

REFRAMING

INHALT	BEDEUTUNG	Y MACHT MICH X	KONTEXT BLEIBT, SYMPTOMREFRAMING: WIE WARE ES, WENN Y NUN DAS BEDEUTET?
	KONTEXT	ICH BIN ZU X	SYMPTOM BLEIBT, KONTERREFRAMING: IN WELCHEM KONTEXT WÄRE X NÜTZLICH?
	POWER	Y MACHT MICH X	PROVOKATION
	STANDARD	ICH BIN ZU X	BEZUG ZU GRÖSSEREN ZUSAMMENHÄNGEN HERSTELLEN
PROZESS	SIX STEP	ICH WILL NICHT MEHR X-EN	ABSICHT UND VERHALTEN TRENNEN, ALTERNATIVES VERHALTEN AUFBAUEN
	VERHANDLUNG	M STÖRT N N STÖRT M	WÜRDIGUNG VON M UND N STÖRUNGSFREIEN FRAME AUSHANDELN
	AUFBAU EINES NEUEN TEILS	ICH MÖCHTE EINEN TEIL, DER X ERZIELEN KANN	MODELLSUCHE NEUEN TEIL ÖKOLOGISCH AUFBAUEN

Reframing) lautet: „Die Bedeutung Ihrer Kommunikation ist die Reaktion, die Sie bekommen!"

Thies Stahl spricht von „Umdeutungen" und erklärt im Sinne dieser Aussage, daß der Klient darüber entscheidet, ob eine „Umdeutung" zu einem für ihn passenden Reframing wird oder nicht:

„Zuerst redefiniere ich also das Problemverhalten für mich selbst, bevor ich es als Umdeutung, als verbale Äußerung meinem Klienten anbiete. Ob das dann ein Reframing wird oder nicht, entscheidet die Reaktion des Klienten: Zeigt er oder sie den typischen Wechsel von der Sympatikus- zur Parasympatikus-Physiologie, versöhnt sich also mit sich selbst als ein mit diesem Problem behafteter Mensch, weiß ich, daß er oder sie den angebotenen neuen Wahrnehmungsrahmen angenommen hat; und zwar nicht nur als intellektuelle Spielerei, sondern als subjektiv zumindest genauso valide empfunden wie den alten und deshalb emotional und bezüglich der eigenen Identität zu eigen gemacht."

Als Erfolgs-Signale für ein inhaltliches Reframing können folgende Symptome wahrgenommen werden:

- Überraschungseffekte, Verwirrung
- spontane Trance
- Physiologie-Veränderung
- veränderte Verbalisierung der Klage
- Amnesie für die Klage
- Zunahme der Symmetrie

Bedeutungs-Reframing

Typische Klienten-Klagen, für die ein Bedeutungs-Reframing gut geeignet ist, haben die Struktur: *„Immer wenn X passiert, reagiere ich mit Y.“*
Z. B.: „Immer wenn ich ihn sehe, werde ich wütend.“
„Immer wenn ich Streß habe, werde ich krank.“
„Immer wenn ich fernsehe, schlafe ich ein.“
Das Verhalten Y ist im Sinne von Ursache und Wirkung automatisch und eng an den Kontext gebunden, und es stellt sich die Frage, welcher andere und weitere Rahmen muß gegeben sein, damit das Verhalten Y für den Klienten eine neue Bedeutung erhält.

Thies Stahl erzählte einmal eine Geschichte, die klar macht, was mit dem weiteren Rahmen gemeint ist: Eine Frau, die in einer Wohngemeinschaft lebt, beklagt sich: „Immer wenn ich mitkriege oder höre, daß dieser eine bestimmte Mann in der Wohngemeinschaft wieder im Stehen pinkelt und nicht im Sitzen, werde ich wahnsinnig wütend!“

Der weitere Rahmen, den Thies Stahl in seinem Reframing formuliert, ist der folgende: „Wie schön wäre das, wenn Ihr beide noch andere Wege hättet, Euch wissen zu lassen, daß Ihr Mann und Frau seid.“

In ihrem Buch „Wieder zusammenfinden – NLP, neue Wege der Paartherapie“ beschreibt Leslie Cameron-Bandler folgenden für ein Bedeutungs-Reframing beispielhaften Fall:

„Während eines Seminars in New York bat mich ein Ehepaar wegen eines sehr spezifischen und etwas ungewöhnlichen Problems um Hilfe. Es schien, als sei der Teppichboden in seinem Haus sehr plüschig; man schien jeden Fußabdruck darauf zu sehen. Das war an und für sich natürlich kein Problem, aber die Frau war zwanghaft darum bemüht, den Teppich immer so zu staubsaugen, daß keine Fußabdrücke zu sehen waren. Da jedesmal, wenn jemand darüberlief, Fußabdrücke entstanden, war sie sehr viel mit dem Staubsaugen beschäftigt. Sie machte damit alle verrückt, und die Sache war eine Quelle ungeheurer Spannungen zwischen ihr und ihrem Ehemann. Immer wenn sie den Teppich mit den Fußabdrücken sah, ließ es ihr keine Ruhe, bis sie nicht den Teppich gestaubsaugt hatte. Nachdem mir diese Schilderung gegeben worden war, fragte ich mich, wie Fußabdrücke auf dem Teppich denn von dieser Frau als positives Ereignis erlebt werden könnten, so daß sie also nicht das Bedürfnis empfinden würde, ständig mit dem Staubsauger umherzugehen. Diese Frage erleichterte mir die Aufgabe. Ich forderte sie auf, die Augen zu schließen und ihr mit Teppichen ausgestattetes Heim zu sehen. Und zu sehen, daß der Teppich perfekt war, daß sich jedes Härchen an der richtigen Stelle befand. Und während sie es genoß, den Teppich so perfekt zu sehen, sagte ich ihr, daß sie sich nun bewußt werden könne, daß in ihrem Haus vollkommene Stille herrsche; und während sie der Stille lausche, könne sie erkennen, daß sie ganz allein sei. Ihre Lieben seien fort und sie sei ganz allein mit ihrem perfekten Teppich. Erst jetzt, so sagte ich ihr, erkenne sie schließlich, daß jeder Fußabdruck, der auf dem Teppich erschien, ein Zeichen dafür sei, daß ihre Lieben in der Nähe seien, daß sie mit ihrer Familie zusammen sei. Jedesmal in der Zukunft also, wenn sie einen Fußabdruck auf dem Teppich sähe, würde sie die Nähe ihrer Familie spüren und die Liebe, die sie für sie empfand. Wie auf Jahr für Jahr aufgehobene Muttertagsgeschenke könne man die Fußabdrücke warm anblicken. Schließlich erzählte ich ihr noch, wessen großer und kleiner Fuß für sie dahin getreten sei, um von ihr gesehen zu werden.

Ich deutete also die ‚Fußabdrücke auf dem Teppich' so um, daß sie nicht mehr zwanghaft Sauberkeit, sondern vielmehr warme, liebevolle Gefühle auslösten. So merkwürdig dies klingen mag, aber es funktionierte bei ihr, und es ist ja auch wirklich sinnvoller, sich über Fußabdrücke zu freuen als sich über sie zu ärgern."

Bandler und Grinder greifen diese Geschichte in ihrem Buch „Reframing – ein ökologischer Ansatz in der Psychotherapie (NLP)" wieder auf und erklären die subtile Struktur dieses Reframing im Detail: *Dieser Wechsel im Erleben ist der einzige wesentliche Bestandteil eines jeden Reframingmodells. Nur darum geht es beim Reframing.*

„... Leslie hätte sich diese Frau auch anschauen und sagen können: ‚Also nein, nein, nein. Sehen Sie, das ist alles falsch. Wenn Sie Fußstapfen sehen, dann heißt das, daß die Ihnen nahestehenden Menschen da sind'. Das wäre ohne Wirkung geblieben; es hätte weder ihr inneres Erleben verändert noch ihre Reaktion darauf. Wie Sie sehen, ist also die Reihenfolge Ihres Vorgehens und Ihre Ausdruckskraft sehr wichtig.

‚Sie schauen auf den Teppich, und er ist ohne Flecken! Sie haben ihn tadellos sauber.' Das ist Pacing: sie reagiert auf die Teil-Äquivalenz. Dann führen Sie (Leading): ‚Und dann wird Ihnen plötzlich bewußt, daß das bedeutet, Sie sind ganz alleine.' Das hat sie vorher niemals bedacht. Denkt man darüber nach, muß es nicht unbedingt wahr sein. Die ganze Familie ist möglicherweise im Nebenzimmer. Aber es klingt in diesem Kontext so bedeutungsvoll, daß Sie es benutzen können, um das Verhalten zu beeinflussen. Dann kehren Sie es wieder um: ‚Und jetzt setzen Sie ein paar Fußabdrücke darauf, und Sie machen sich bewußt, daß Ihre Lieben in der Nähe sind.'"

Bandler und Grinder sagen:

„Es ist der größte Gefallen, den Sie Ihren Klienten tun können, wenn Sie sie dazu bringen, zwischen dem Nachdenken über ein Verhalten und dem realen Tun zu unterscheiden.

Sie können nicht irgend etwas in irgend etwas anderes umdeuten. Es muß schon zum Erfahrungsbereich des Betreffenden passen. Zum Vater zu sagen: ‚Freuen Sie sich doch über die Sturheit Ihrer Tochter, weil sie damit zeigt, daß sie eine emanzipierte Frau ist', bliebe wahrscheinlich ohne Wirkung auf ihn. Sie müssen ein gültiges Set von Wahrnehmungen im Rahmen des Weltmodells dieser speziellen Person finden.

Eigentlich sagt das Reframing dies: ‚Sehen Sie, diese äußere Sache ereignet sich und ruft diese Reaktion in Ihnen hervor, so daß Sie annehmen, die Bedeutung zu kennen. Aber wenn Sie in dieser Weise anders darüber nachdenken würden, dann würden Sie auch anders reagieren.' Durch die Fähigkeit, über Dinge auf ganz unterschiedliche Weise nachzudenken, baut man ein ganzes Spektrum von Einsichten auf. Aber keine ist ‚wirklich' wahr. Es sind nur Aussagen über die Verständnisweise eines Menschen."

Kontext-Reframing

Typische Klienten-Klagen, für die ein Kontext-Reframing gut geeignet ist, haben die Struktur: *„Ich bin zu X"*, z. B.:

„Ich bin zu dick."

„Ich bin zu schwach."

„Ich bin zu jähzornig."

Bei diesem Vergleich *„zu X"* fehlt der Kontext: *„Im Vergleich wozu, in bezug auf was, in welcher Weise?"*

Es ist hier in bezug auf den Kontext generalisiert worden. Die Hälfte des Vergleiches ist getilgt, und sicher gibt es einen oder mehrere Kontexte, in denen *„zu X"* kein zu einer Klage Anlaß gebendes Problem, sondern ein Vorteil ist.

Im Kontext-Reframing wird deshalb nach einem Kontext gesucht, in dem der Klient das als Problem beklagte Verhalten würdigen kann, weil es dort eine positive Funktion hat.

Kein Verhalten für sich allein betrachtet,
ist – aus dem Kontext herausgelöst –
nützlich oder schädlich. Zu definieren,
wo es nützlich ist, das ist Kontext-Reframing.
} Kontext-Reframing

Bedeutungs-Reframing { Genauso bedeutet kein Verhalten schon in sich etwas. Es kann jede Bedeutung haben. Einem Verhalten eine bestimmte Bedeutung beizumessen, das ist Bedeutungs-Reframing.

Um einen Kontextreframe zu finden, fragen Sie sich: *„In welchem Kontext hätte dieses spezielle Verhalten, über das der Klient sich beklagt, einen Wert?"*

Für einen Bedeutungsreframe fragen Sie sich: *„Gibt es einen größeren oder einen anderen Rahmen, in dem dieses Verhalten einen positiven Wert hätte?"*

Thies Stahl erzählt zum Reframing eine dramatische Geschichte, in der ein Klient, der sich in Streß-Situationen zwanghaft übergeben muß, ihn bittet: „Thies mach mir das weg!"

Thies Stahl nimmt diesen Auftrag an, gibt aber zu bedenken, daß es sicher Situationen gibt, in denen dieses Verhalten nützlich ist. Zusammen mit ihm findet der Klient andere, weniger problematische Verhaltensweisen und muß sich nun in Streß-Situationen nicht mehr übergeben, bis er eines nachts in einem Park überfallen wird. Er schlägt den Angreifer in die Flucht, indem er ihn „mitten ins Gesicht kotzt".

Es gibt für jedes Verhalten – und sei es im „Normal-Alltag" auch noch so problematisch – einen Kontext, in dem es nützlich ist.

Neutralität

Während der Unruhen im Ghetto von Detroit hielt die Polizei einen Wagen an, der mitten durchs Kampfgebiet raste. Ein Weißer Kopfkissenbezug war vorn am Kühler des Autos für jeden sichtbar befestigt.

„Für was ist das?" fragte ein Polizist den Fahrer. Der grinste und erklärte: „Es ist ein weißer Kopfkissenbezug. Soll zeigen, ich bin neutral, Boß."

Der Polizist tastete den Fahrer ab und entdeckte in dessen Hosentasche einen 45er Revolver.

„Neutral, eh", sagte der Polizist, „für was ist dann die Waffe?"

„Ich bin schon neutral, Boß", bestätigte der Fahrer, „den Revolver habe ich nur mit, falls es mir jemand nicht glauben will".

Standard-Reframing

Standard-Reframings können sowohl für die Umdeutung eines Verhaltens, als auch des Kontextes eingesetzt werden. Sie schaffen erst einmal Abstand zwischen dem Klienten und seiner Klage und helfen so dem Berater, Zeit für weitere Schritte zu gewinnen.

Als Standard-Reframing lassen sich folgende Beispiele immer wieder gut verwenden:

„Ist das nicht schön, zu merken, wie lebendig du bist?“

„Stell dir vor, du könntest das nicht mehr, was würde dann in deinem Leben passieren?“

„Hast du dir die Vorteile schon mal bewußt gemacht?“

„Hast du eigentlich das was hier passiert schon einmal im großen Zusammenhang deines Lebens betrachtet – welchen Sinn macht das?“

„Manche Leute machen jahrelang Therapie, um genau das zu lernen.“

Power-Reframing

Power-Reframings können sowohl die Bedeutung, als auch den Kontext eines Verhaltens umdeuten. Sie beziehen ihre Kraft aus der Provokation und stellen den Klienten auf einen Schlag ins Hier und Jetzt! Es entsteht sehr plötzlich ein neuer Bezug zum „Problem". Wenn das Power-Reframing funktioniert, weil es aus einer absolut „persönlichen Kongruenz" gegeben wird, ist es wie ein Schock, ein Blick durch das Schlüsselloch der Erleuchtung!

Frank Farrelly zitiert in seinem Buch „Provokative Therapie" einige Power-Reframings, von denen das Reframing einer Studentin, die durch ihr völlig unprofessionelles Verhalten die ganze Therapie-Situation auf den Kopf stellt, eines der eindrucksvollsten ist:

„Sie hatte den Fall eines alten, chronisch gestörten Mannes, mit dem sie zusammengearbeitet hatte, im Team vorgestellt. Die allgemeine Meinung des Teams war: Sie solle die Arbeit mit dem Patienten beenden, da der Fall niemals besser werden würde. Darüber war die Studentin empört und aufgebracht. Sie erzählte es dem Patienten und weinte dabei ganz offen. Der Patient war wie vom Donner gerührt, weil jemand sich so um ihn sorgte – er hatte nie jemanden gehabt, der seinetwegen so offen geweint hat. Er tröstete die Studentin und versprach, er würde das Krankenhaus verlassen und nie wiederkommen. Er verließ das Krankenhaus, bekam einen Job und blieb draußen."

Die Geschichte zeigt, daß es durchaus sinnvoll und wirkungsvoll sein kann, die professionelle Rolle zu verlassen. Es ist durchaus möglich, eine verfahrene Situation wieder in Gang zu bekommen, wenn man einen Moment lang, völlig unerwartet (aber absolut kongruent!) als „schlechtestmöglicher Therapeut" oder Berater agiert.

Farrelly beschreibt einen Fall, in dem ihm durch ein Mißgeschick ein Power-Reframing gelang, das an (unbeabsichtigter) Kongruenz kaum zu überbieten ist:

„1959 begann ich einen Tag pro Woche außerhalb der Klinik zu arbeiten. Bei einem meiner ersten Fälle, die ich von einem anderen Sozialarbeiter übernommen hatte, handelte es sich um die Frau eines unserer Patienten. Das Team dachte, der Patient wäre paranoisch, was die Treue seiner Frau anbetraf. Die Aufgabe war es nun, Informationen über diesen Sachverhalt zu bekommen und den Fall zu klären. Beim Übergabegespräch stellte der Sozialarbeiter fest: ‚Ich vermute, sie war ihm untreu, aber in den Gesprächen während des vergangenen Jahres hat sie es stets verneint.‘ Nun also war ich ihr Gesprächspartner.

Am allerersten Tag – es war ein Montag –, an dem ich sie treffen sollte, verschlief ich. June weckte mich eilig und erklärte dabei, daß sie den Alarmknopf vom Wecker nicht ganz herausgezogen hatte. Aufgeregt zog ich mich an, kippte schon in der Haustür eine Tasse Kaffee hinunter, sprang in mein Auto und fuhr eilends raus zu dem alleinstehenden Bauernhaus, in dem die Frau wohnte. Ich erinnere mich, daß ich sehr ängstlich und aufgeregt war und dachte: ‚Das ist's. Nun bin ich ein Berater.‘ Ich erinnere mich auch, daß ich mit mir selber redete, während ich fuhr, und mir sagte, daß sich das Gespräch alleine auf meine eigenen angehenden beruflichen Fähigkeiten stützen müßte, da ich keinerlei professionelle Praxisausstattungen hatte, um mich zu sichern.

Während des Gespräches saß die Frau auf der Couch im Wohnzimmer mir gegenüber. Ich beugte mich vor, mit den Ellenbogen auf meinen Knien, meine Beine weit gespreizt. Die Absicht war, ihr unbedingt klar zu machen, daß wir wirklich etwas über diese Angelegenheit wissen mußten: Wenn sie keine anderen Männer hatte, dann war ihr Mann paranoid; andernfalls hielten wir ihren Mann unter falschen Voraussetzungen im Krankenhaus fest. Während des ganzen Gespräches vermied sie den Blickkontakt mit mir und schien mit einem vagen, geistesabwesenden Gesichtsausdruck auf meinen langweiligen Schlips zu starren. Zu meiner Überraschung gab sie alles offen zu und ging ausführlich darauf ein, mit wem sie sexuellen Kontakt hatte, vor und während des Krankenhausaufenthaltes ihres Mannes.

Nach diesem Gespräch fuhr ich mit stolzgeschwellter Brust zurück, fühlte mich erleichtert, sehr erfolgreich und als richtiger ‚Profi'. Ich war außerdem schadenfroh über die Tatsache, daß mein Kollege ganz genau an diesem Punkt ein Jahr lang ohne Erfolg gearbeitet hatte, während es mir gelungen war, die Informationen in einem einzigen Gespräch zu bekommen. Ich dachte: ‚Mann, die wirklich fähigen Menschen werden gewinnen!'

Meine Freude dauerte so lange, bis ich am Bezirksgericht angekommen war. Dort mußte ich zur Toilette und fand dabei meinen Hosenlatz offen – offenbar war dies während des ganzen Gespräches der Fall gewesen. Vor Verlegenheit wurde ich knallrot im Gesicht und blieb fünf Minuten in der Toilette, weil ich so durcheinander war.

Im Krankenhaus erzählte ich dem Stationsteam genau, was passiert war. Alle brachen in ein schallendes Gelächter über meine ‚ganz neue Behandlungsmethode' aus: Die ‚Offene Hosenlatztherapie' war der Name, den sie dieser Methode gaben. Befreundete Psychologen erklärten gewichtig, daß dies den Satz bestätige: ‚Ändere den Reiz und du änderst die Reaktion.' (Der Patient, das sollte hinzugefügt werden, wurde bald danach mit der Empfehlung entlassen, eine ambulante Behandlung für sich und seine Frau zu beginnen.)"

Sogenannte Professionalität ist oft hinderlich und es kann durchaus ein Power-Reframing sein, die eigene professionelle Rolle in Frage zu stellen, um dann freier und der Situation des Klienten entsprechender arbeiten zu können. Natürlich gehört viel Mut zu einem solchen „Selbst-Reframing", aber ein Therapeut oder Berater ist einfach nicht mehr authentisch, wenn er im Rahmen der „Professionalität" anfängt Fehler und Irrtümer zu wiederholen, nur weil „man" das einfach „so" macht.

Über Richard Bandler wird berichtet, daß er, als ein Klient ihn bat, ihn von seinen Kopfschmerzen zu erlösen, zu ihm kam, einen Colt aus dem Hosenbund zog und mit den Worten: „O.k. Baby, dann wollen wir mal! Oder willst du sie doch behalten?" langsam den Finger krümmte …

Hans im Glück

Hans hatte sieben Jahre bei seinem Herrn gedient, da sprach er zu ihm: „Herr, meine Zeit ist herum, nun wollte ich gerne wieder heim zu meiner Mutter, gebt mit meinen Lohn." Der Herr antwortete: „Du hast mir treu und ehrlich gedient; wie der Dienst war, so soll der Lohn sein", und gab ihm ein Stück Gold, das so groß wie Hansens Kopf war. Hans zog sein Tüchlein aus der Tasche, wickelte den Klumpen hinein, setzte ihn auf die Schulter und machte sich auf den Weg nach Haus. Wie er so dahinging und immer ein Bein vor das andere setzte, kam ihn ein Reiter in die Augen, der frisch und fröhlich auf einem munteren Pferd vorbeitrabte. „Ach", sprach Hans ganz laut, „was ist das Reiten ein schönes Ding! Da sitzt einer wie auf einem Stuhl, stößt sich an keinem Stein, spart die Schuh und kommt fort, er weiß nicht wie." Der Reiter, der das gehört hatte, hielt an und rief: „Ei, Hans, warum läufst du auch zu Fuß?" „Ich muß ja wohl", antwortete er, „da habe ich einen Klumpen heimzutragen. Es ist zwar Gold, aber ich kann den Kopf dabei nicht geradhalten, auch drückt mir's auf die Schulter." „Weißt du was", sagte der Reiter, „wir wollen tauschen, ich gebe dir mein Pferd, und du gibst mir deinen Klumpen." „Von Herzen gern", sprach Hans, „aber ich sage Euch, Ihr müßt Euch damit schleppen." Der Reiter stieg ab, nahm das Gold und sprach: „Wenns nun recht geschwind soll gehen, so mußt du mit der Zunge schnalzen und hopp hopp rufen."

Hans war seelenfroh, als er auf dem Pferde saß und so frank und frei dahinritt. Über ein Weilchen fiel's ihm ein, es sollte noch schneller gehen, und er fing an, mit der Zunge zu schnalzen und hopp hopp zu rufen. Das Pferd setzte sich in starken Trab, und ehe sich's Hans versah, war er abgeworfen und lag in einem Graben, der die Äcker von der Landstraße trennte. Das Pferd wäre auch durchgegangen, wenn es nicht ein Bauer aufgehalten hätte, der des Weges kam und eine Kuh vor sich her trieb. Hans suchte seine Glieder zusammen und machte sich wieder auf die Beine. Er war aber verdrießlich und sprach zu dem Bauer: „Es ist ein schlechter Spaß, das Reiten, zumal, wenn man auf so eine Mähre gerät wie diese, ich setze mich nun und nimmermehr wieder auf. Da lob' ich mir Eure Kuh, da kann einer mit Gemächlichkeit hinterhergehen und hat obendrein seine Milch, Butter und Käse jeden Tag gewiß. Was gäb' ich darum, wenn ich so eine Kuh hätte!" – „Nun", sprach der Bauer, „geschieht Euch so ein großer Gefallen, so will ich Euch wohl die Kuh für das Pferd vertauschen." Hans willigte mit tausend Freuden ein, der Bauer schwang sich aufs Pferd und ritt eilig davon.

Hans trieb seine Kuh ruhig vor sich her und bedachte den glücklichen Handel. „Hab' ich nur ein Stück Brot, und daran wird mir's doch nicht fehlen, so kann ich, sooft mir's beliebt, Butter und Käse dazu essen; hab' ich Durst, so melk' ich meine Kuh und trinke Milch. Herz, was verlangst du mehr?" Als er zu einem Wirtshaus kam, machte er halt, aß in der großen Freude alles, was er bei sich hatte, sein Mittag- und Abendbrot rein auf und ließ sich für seine letzten paar Heller ein halbes Glas Bier einschenken. Dann trieb er seine Kuh weiter, immer nach dem Dorfe seiner Mutter zu. Die Hitze ward drückender, je näher der Mittag kam, und Hans befand sich in einer Heide, die wohl noch eine Stunde dauerte. Da war es ihm ganz heiß, so daß ihm vor Durst die Zunge am Gaumen klebte. Dem Ding ist zu helfen, dachte Hans, jetzt will ich meine Kuh melken und mich an der Milch laben. Er band sie an einen dürren Baum, und da er keinen Eimer hatte, so stellte er seine Ledermütze unter, aber wie er sich auch bemühte, es kam kein Tropfen Milch zum Vorschein. Und weil er sich ungeschickt dabei anstellte, so gab ihm das ungeduldige Tier endlich mit einem der Hinterfüße einen solchen Schlag vor den Kopf, daß er zu Boden taumelte und eine Zeitlang sich gar nicht besinnen konnte, wo er war. Glücklicherweise kam gerade ein Metzger des Weges, der auf einem Schubkarren ein junges Schwein liegen hatte. „Was sind das für Streiche!" rief er und half dem guten Hans auf. Hans erzählte, was vorgefallen war. Der Metzger reichte ihm seine Flasche und sprach: „Da trinkt einmal und erholt Euch. Die Kuh will wohl keine Milch geben, das ist ein altes Tier, das höchstens noch zum Ziehen taugt oder zum Schlachten." „Ei, ei", sprach Hans und strich sich die Haare über den Kopf, „wer hätte das gedacht! Es ist freilich gut, wenn man so ein Tier im Haus abschlachten kann, was gibt's für Fleisch! Aber ich mache mir aus dem Kuhfleisch nicht viel, es ist mir nicht saftig genug. Ja, wer so ein junges Schwein hätte! Das schmeckt anders, dabei noch die Würste." „Hört, Hans", sprach der Metzger, „Euch zuliebe will ich tauschen und will Euch das Schwein für die Kuh lassen." „Gott lohn Euch Eure Freundschaft", sprach Hans, übergab ihm die Kuh, ließ sich das Schweinchen losmachen und den Strick in die Hand geben.

Hans zog weiter und überdachte, wie ihm doch alles nach Wunsch ginge, begegnete ihm eine Verdrießlichkeit, so würde sie doch gleich wieder gutgemacht. Es gesellte sich danach ein Bursch zu ihm, der trug eine schöne weiße Gans unter dem Arm. Sie boten einander die Zeit, und Hans fing an, von seinem Glück zu erzählen und wie er immer so vorteilhaft getauscht hätte. Der Bursch erzählte ihm, daß er die Gans zu einem Kindtaufschmaus brächte. „Hebt einmal", fuhr er fort und packte sie bei den Flügeln, „wie schwer sie ist, die ist aber auch acht Wochen lang genudelt worden. Wer in den Braten beißt, muß sich das Fett von beiden Seiten abwischen." „Ja", sprach Hans und wog sie mit der einen Hand, „die hat ihr Gewicht, aber ein Schwein ist auch keine Sau." Indessen sah sich der Bursch nach allen Seiten ganz bedenklich um, schüttelte auch wohl mit dem Kopf. „Hört", fing er darauf an, „mit Eurem Schweine mag's nicht ganz richtig sein. In dem Dorfe, durch das ich gekommen bin, ist eben dem Schulzen eins aus dem Stalle gestohlen worden. Ich fürchte, ich fürchte, Ihr habt's da in der Hand. Sie haben Leute ausgeschickt, und es wäre ein schlimmer Handel, wenn sie Euch mit dem Schwein erwischten. Das geringste ist, daß Ihr ins finstere Loch gesteckt werdet." Dem guten Hans ward bang: „Ach

Gott", sprach er, „helft mir aus der Not, Ihr wißt hier besser Bescheid, nehmt mein Schwein da und laßt mir Eure Gans." „Ich muß schon etwas auf's Spiel setzen", antwortete der Bursche, „aber ich will doch nicht schuld sein, daß Ihr ins Unglück geratet." Er nahm also das Seil in die Hand und trieb das Schwein schnell auf einen Seitenweg fort, der gute Hans aber ging, seiner Sorgen entledigt, mit der Gans unter dem Arme der Heimat zu. „Wenn ich's recht überlege", sprach er mit sich selbst, „habe ich noch Vorteil bei dem Tausch: erstlich den guten Braten, hernach die Menge von Fett, die herausträufeln wird, das gibt Gänsefettbrot auf ein Vierteljahr, und endlich die schönen, weißen Federn, die laß ich mir in mein Kopfkissen stopfen, und darauf will ich wohl ungewiegt einschlafen."

Als er durch das letzte Dorf gekommen war, stand da ein Scherenschleifer mit seinem Karren, sein Rad schnurrte, und er sang dazu: „Ich schleife die Schere und drehe geschwind und hänge mein Mäntelchen nach dem Wind."

Hans blieb stehen, sah ihm zu und sagte: „Euch geht's wohl, weil Ihr so lustig bei Eurem Schleifen seid." „Ja", antwortete der Scherenschleifer, „das Handwerk hat einen güldenen Boden. Ein rechter Schleifer findet, so oft er in die Tasche greift, auch Geld darin. Aber wo habt Ihr die schöne Gans gekauft?" „Die hab ich nicht gekauft, sondern für ein Schwein eingetauscht." „Und das Schwein?" „Das hab' ich für eine Kuh gekriegt." „Und die Kuh" „Die hab' ich für ein Pferd bekommen." „Und das Pferd?" „Dafür hab' ich einen Klumpen Gold, so groß wie mein Kopf gegeben." „Und das Gold?" „Ei, das war mein Lohn für sieben Jahre Dienst." „Ihr habt Euch jederzeit zu helfen gewußt", sprach der Schleifer, „könnt Ihr's nun dahin bringen, daß Ihr das Geld in der Tasche springen hört, wenn Ihr aufsteht, so habt Ihr Euer Glück gemacht." „Wie soll ich das anfangen?" sprach Hans. „Ihr müßt ein Schleifer werden wie ich; dazu gehört eigentlich nichts als ein Wetzstein, das andere findet sich schon von selbst. Da hab' ich einen, der ist zwar ein wenig schadhaft, dafür sollt Ihr mir aber auch weiter nichts als Eure Gans geben; wollt Ihr das?" „Wie könnt Ihr fragen?", antwortete Hans, „Ich werde ja zum glücklichsten Menschen auf Erden; habe ich Geld, so oft ich in die Tasche greife, was brauche ich da länger zu sorgen?" Er reichte ihm die Gans hin und nahm den Wetzstein in Empfang. „Nun", sprach der Schleifer und hob einen gewöhnlichen schweren Feldstein, der neben ihm lag auf, „da habt ich noch einen tüchtigen Stein dazu, auf dem sich's gut schlagen läßt und Ihr Eure alten Nägel geradeklopfen könnt. Nehmt hin und hebt ihn ordentlich auf."

Hans lud den Stein auf und ging mit vergnügtem Herzen weiter; seine Augen leuchteten vor Freude: „Ich muß in einer Glückshaut geboren sein", rief er aus, „alles, was ich wünsche, trifft bei mir ein wie bei einem Sonntagskind." Indessen, weil er seit Tagesanbruch auf den Beinen gewesen war, begann er müde zu werden; auch plagte ihn der Hunger, da er allen Vorrat auf einmal in der Freude über die erhandelte Kuh aufgezehrt hatte. Er konnte endlich nur mit Mühe weitergehen und mußte jeden Augenblick haltmachen; dabei drückten ihn die Steine ganz erbärmlich. Da konnte er sich des Gedankens nicht erwehren, wie gut es wäre, wenn er sie gerade jetzt nicht zu tragen brauchte. Wie eine Schnecke kam er zu einem Feldbrunnen geschlichen, wollte da ruhen und sich mit einem frischen Trunk laben. Damit er aber die Steine im Niedersitzen nicht beschädigte, legte er sie bedächtig neben sich auf den Rand des Brunnens. Darauf setzte er sich nieder und wollte sich zum Trinken bücken, da versah er's, stieß ein klein wenig an, und beide Steine plumpsten hinab. Hans, als er sie mit seinen Augen in die Tiefe hatte versinken sehen, sprang vor Freuden auf, kniete dann nieder und dankte Gott mit Tränen in den Augen, daß er ihm auch diese Gnade noch erwiesen und ihn auf so eine gute Art von den schweren Steinen befreit hätte, die ihm allein noch hinderlich gewesen wären. „So glücklich wie ich", rief er aus, „gibt es keinen Menschen unter der Sonne." Mit leichtem Herzen und frei von aller Last sprang er nun fort, bis er daheim bei seiner Mutter war.

Übung 30

A schildert eine nach seiner Erfahrung „negative Verhaltensweise"
– z. B.: Er redet immer zu laut.

Die B-Gruppe findet für jedes „negative Verhalten" eine gute
Absicht und beobachtet bei der Präsentation der guten Absicht die
Reaktion von A. Die Umdeutung, die bei A die stärkste Reaktion
auslöst, kann aufgeschrieben werden. Die Übung wird mindestens
so lange fortgesetzt, bis jeder einmal in der Rolle von A war.

Übung 31

A schildert eine nach seiner Erfahrung „negative Verhaltensweise".
Die B-Gruppe findet für jedes „negative Verhalten" eine Situation,
in der dieses Verhalten das einzig richtige ist.

In dieser wie in der vorigen Situation kommt es nicht unbedingt
auf den „Ernst" an. Ausgefallen verrückte Vorschläge wirken oft
besser und sorgen eher für den beabsichtigten „Aha-Effekt".

Übung 32

Finden Sie nach dem Muster: „*Immer wenn X passiert, reagiere ich mit Y*" 10 Sätze und reframen Sie diese Sätze.

1. _____

_____

Reframe:_____

_____

2. _____

_____

Reframe:_____

_____

3. _____

_____

Reframe:_____

_____

4. _____

_____

Reframe:_____

_____

5. _____

_____

Reframe:_____

_____

6. _____

_____

Reframe: _____

_____

7. _____

_____

Reframe: _____

_____

8. _____

_____

Reframe: _____

_____

9. _____

_____

Reframe:_____

_____

10. _____

_____

Reframe:_____

_____

Übung 33

Achten Sie über eine Woche beim Fernsehen, Radiohören oder auch in Unterhaltungen auf negative Statements und auf Problemstatements. Reframen Sie diese Statements still für sich oder antworten Sie, wenn es die Situation erlaubt, direkt.

Gerhard Fries erzählt, um für das Six-Step-Reframing die Trennung von Absicht und Verhalten klarzumachen, folgende, wirklich geschehene Geschichte:

Ein Mann wäscht zum ersten Mal seinen neuen Wagen. Sein 4jähriger Sohn „hilft". Als eine Seite sauber ist, geht der Vater neues Wasser holen. Als er zurückkommt, sieht er, wie der kleine Bastian („Weiß der Teufel, wo er das Ding her hat.") mit der Drahtbürste die andere Seite „wäscht". Der Vater holt einmal, zweimal, dreimal Luft, geht zu Bastian und sagt: „Schau mal Basti: Wenn wir das Auto mir diesem schönen Schwamm waschen, wird es viel schöner sauber, als mit dieser dummen Drahtbürste." Noch heute wäscht Bastian (10 Jahre später) mit Liebe das Auto des Vaters.

Was wäre wohl geschehen, wenn der Vater nicht auf die Absicht, sondern (im ersten Affekt!) auf das Verhalten reagiert hätte?

Six-Step-Reframing

Bandler und Grinder gehen für die Reframing-Technik in „Neue Wege der Kurzzeit-Therapie" von vier Grundannahmen aus:

- Eine Wahlmöglichkeit ist besser als keine Wahlmöglichkeit.
- Jeder verfügt über verschiedene unbewußte Wahlmöglichkeiten.
- Alle Menschen verfügen bereits über die Ressourcen, die sie brauchen, um sich zu verändern; nur brauchen sie Hilfe, um die richtigen Ressourcen im richtigen Kontext zur Verfügung zu haben.
- Jede einzelne Verhaltensweise hat in irgendeinem Kontext eine positive Funktion. Es wäre rücksichtslos und unverantwortlich, einfach das Verhalten der Leute zu verändern, ohne etwas sehr Wichtiges in Betracht zu ziehen: das Konzept des „sekundären Gewinns".

Bandler und Grinder gehen davon aus, daß die Verhaltensweisen, die Menschen hervorbringen, die bestgeeignetsten Reaktionen sind, die sie in dem Kontext zur Verfügung haben, ganz egal, wie bizarr und unangemessen sie zu sein scheinen.

Zur Beschreibung des Kontextes erklären sie folgendes:

„Der Kontext, auf den Eure Klienten reagieren, ist in der Regel aus ungefähr neun Teilen internaler Erfahrungen und ungefähr einem Teil externaler zusammengesetzt. Wenn also eine Verhaltensweise bizarr oder unangemessen für Euch aussieht oder sich anhört, so habt Ihr einen deutlichen Hinweis darauf, daß ein Großteil des Kontextes, auf den die Person reagiert, etwas ist, was Euren unmittelbaren sinnlichen Erfahrungen nicht zugänglich ist. Sie reagieren auf irgend etwas oder irgend jemand anderes – vorhanden als internale Repräsentation: Mutter, Vater, historische Ereignisse, etc. Und sehr häufig liegt diese internale Repräsentation außerhalb des Bewußtseins."

Bandler und Grinder beschreiben das Reframing als einen besonderen Weg, mit dem Teil der Person in Kontakt zu kommen, „der dafür sorgt, daß eine bestimmte Verhaltensweise abläuft, beziehungsweise der eine bestimmte andere Verhaltensweise verhindert. Wir machen das, damit wir herausfinden können, worin der sekundäre Gewinn der jeweiligen Verhaltensweise besteht, denn wir beziehen ihn als integralen Teil ein in den Prozeß der Einleitung von Veränderungen in dem betreffenden Bereich des Verhaltens."

Im Kern besteht das Reframing darin, eine Unterscheidung zu treffen zwischen der Absicht bzw. dem Zweck (dem Vater beim Autowaschen zu helfen) und dem Verhalten (der Verwendung der Drahtbürste). Dann kann man neue, akzeptable Verhaltensweisen finden, die den gleichen Zweck erfüllen.

Während beim Kontext- und Bedeutungs-Reframing mit Inhalten gearbeitet wird, ist das Six-Step-Reframing ein Prozeß, der grundsätzlich ohne Inhalte auskommt. Das Six-Step-Reframing baut sich aus einer Vielzahl von Schritten auf, die sich aber auf sechs Grundschritte beschränken lassen:

Zusammenfassung des Sechs-Schritt-Reframing

1. Definition des Musters, das verändert werden soll.
2. Aufnahme der Kommunikation zu dem Teil, der für das Muster verantwortlich ist.
3. Trennung des Verhaltens von der positiven Absicht.
4. Kreation von drei alternativen, positiven Verhaltensweisen.
5. Frage an den verursachenden Teil, ob er die Verantwortung dafür übernimmt, die neuen Alternativen im entsprechenden Kontext zu benutzen.
6. Öko-Check.

Das folgende Schema von Thies Stahl gliedert sich in 9 Schritte und bietet schöne praktische Ergänzungen:

1. Rapport-Check, INTEGRATION von X- und Nicht-X-Physiologie (Collapsing Anchors)

2. „IDEEN SÄEN":

   a) Trennung Bewußt – Unbewußt: Ein unbewußter Teil (UbwT) ist zuständig für das Verhalten X (für die Initiierung, Aufrechterhaltung, Organisation und Sequentierung).

   b) Hierarchie: Der UbwT ist mächtiger als das Bewußtsein.

   c) Zuverlässigkeit: Der UbwT hat, wenn der Kontext dafür gegeben war, noch nie vergessen zu X-en.

   d) Klugheit

      I) Der UbwT ist klüger als das Bewußtsein, denn im Gegensatz zum Bew. kennt er die Stimuli, die im entsprechenden Kontext den X-en auslösen.

      II) Er kennt sich außerdem in der systematischen Vernetzung der Lebensbereiche aus und weiß, in welchem er welche Ermöglichungs- und/oder Schutzfunktion erfüllt.

   e) Trennung von Absicht und Verhalten: Das „Wie" der Teil etwas Bestimmtes tut (X-en), ist nicht identisch mit dem „Wozu/Wofür" er es tut! UbwTe tun „das Beste, was sie können", um das im Leben der Person sicherzustellen, für das sie die Verantwortung übernommen haben (der/die „sekundären Gewinne" = ihre „positive Absicht"), auch wenn das unerwünschte bis lebensbedrohende Nebenwirkungen (Klagen des Bew) hat.

3. SIGNAL ETABLIEREN:

   a) Instruktion (A ist in der Wach-Physiologie, B redet): Du gehst nach innen (eventuell alternative Formulierungen: Trance-Physiologie demonstrieren lassen), stellst sicher, daß du genau den Teil ansprichst, der die ganze Zeit sichergestellt hat, daß X passiert und fragst ihn (eventuell weiblicher Teil!): „Bist du bereit, mit mir im Bewußtsein (neu) zu kommunizieren?" Dann läßt du dich überraschen, wie er sich meldet: ‚<V, A, K, O> – Putz.

b) Alles Klar? Ja, dann: Tu's! (A = Trance-Physiologie, B hat Pause und kalibriert sich auf die Signal-Physiologie.)

4. JA/NEIN-BEDEUTUNG ETABLIEREN:

Bedanke dich für die neue Art der Kommunikation. Bitte um ein Ja-Signal: Daß er es so noch einmal macht, daß du später „Ja" und „Nein" auseinanderhalten kannst.

5. WEISS ICH ALLES

Im Bewußtsein, was du mit dem X-en die ganze(n) Zeit/Jahre für mich sichergestellt hast?

JA: „Du bist jetzt erwachsen genug, das in deinem Leben selber sicherzustellen!" Future pace für die Ideen und Erkenntnisse. Ende des Reframings!

NEIN: Zwei Gründe des Ubw: „Alte Schmerzen" und/oder „Bew., halt dich da raus mit deinen begrenzten Denkschemata! Wenn du dazwischenfunkst, kann ich nicht mehr (so gut) für dich arbeiten. Nicht in der alten und auch nicht in der neuen Weise."

6. INDUKTION DER KREATIVEN PHYSIOLOGIE:

Denk mal an eine Situation, in der du dich in einer bestimmten Weise verhalten hast und wo du, noch während du dich so verhältst, oder kurz hinterher, merkst: Ohah! Das war genau das Richtige, zum genau richtigen Zeitpunkt, in der genau richtigen Art und Weise ... ohne daß ich mir das vorher bewußt überlegt habe! Da (ankern) war dein kreativer Teil tätig.

7. KONFERENZ KREATIVER TEIL (kreaT) UND UBWT:

UbwT und kreaT haben eine Konferenz (eventuell alternative Bezeichnungen!). UbwT läßt kreaT die positive(n) Funktion(en) wissen; kreaT sagt (legt vor, zeigt Ideen für) alternative Wege, die positive Funktion zu erfüllen (eventuell Metaphern für den kreaT anbieten); UbwT evaluiert und wählt mindestens 3 aus.

8. VERANTWORTUNG

„Bist du bereit, für die nächsten Tage/Wochen etc. (vorher hat das Bew. geschätzt) die Verantwortung zu übernehmen, daß diese 3 bis ? neuen Verhaltensweisen/Wege in meinem Verhalten auftreten werden, genauso sicher und unabhängig vom Bewußtsein wie vorher das X-en?"

9. ÖKO-CHECK:

„Gibt es irgendeinen Teil von mir auf der unbew. Ebene, der einen Einwand dagegen hat, daß diese 3 bis ? neuen Wege in meinem Verhalten auftreten werden?"

Nein: ENDE

Ja: Kreativ-Konferenz dafür, das gleiche Positive, was er vorher auch gemacht hat, weiterhin tun zu können, aber anders und kompatibel mit den neuen Wegen, die das X-en ersetzen.

Auf die Frage, ob das Bewußte das Unbewußte während der verschiedenen Schritte des Six-Step-Reframings sabotieren könne, antworteten Bandler und Grinder:

„Ihr könnt das Bewußte ignorieren! Es kann das Unbewußte nicht sabotieren. Es war nicht in der Lage, die ursprüngliche, unbeliebte Wahlmöglichkeit zu sabotieren, und genau so wenig wird es in der Lage sein, die neuen Wahlmöglichkeiten zu sabotieren.

Das Umdeuten verhilft letztlich dem Unbewußten zu der erforderlichen Variabilität. Zuvor hatte das Unbewußte nur eine Wahlmöglichkeit, um das zu bekommen, was es wollte. Jetzt hat es mindestens vier Wahlmöglichkeiten zur Verfügung – drei neue und die alte. Das Bewußte hat keine neue Wahlmöglichkeit dazu bekommen. Also, wenn man nach dem Gesetz der erforderlichen Vielfalt geht: Wer wird die Kontrolle haben? Die Kontrolle wird genau da bleiben, wo sie war, bevor ihr dazu kamt, auf jeden Fall nicht beim Bewußten.

Für manche Leute ist die Illusion wichtig, daß ihr Bewußtes ihr Verhalten kontrolliert. Besonders unter Collageprofessoren, Psychiatern und Rechtsanwälten ist das eine sehr verbreitete und ansteckende Form der Geisteskrankheit. Sie glauben, daß sie ihr Leben mit Hilfe des Bewußtseins meistern.“

Übung 34

1. Definieren Sie:
a) Kontext-Reframing _____
b) inhaltliches Reframing _____
c) Bedeutungs-Reframing _____

2. In der Reframing-Technik geht man davon aus, daß alle Verhaltensweisen in einem bestimmten Kontext nützlich und angemessen sind.

☐ falsch   ☐ richtig

3. Der ausdrückliche Hinweis darauf, daß jedes Verhalten einen positiven Wert hat, kann eine negative Situation in eine Lern- oder Wachstums-Erfahrung verwandeln.

☐ falsch   ☐ richtig

4. In welchen Fällen ist ein Reframing nützlich? _____
_____
_____

5. Woran erkennen Sie, ob ein Reframing funktioniert hat?
_____
_____

6. Schreiben Sie die 6 Schritte des „Six-Step-Reframing" auf.

1. _____
2. _____
3. _____
4. _____
5. _____
6. _____

Verhandlungs-Reframing

Beim Six-Step-Reframing geht man davon aus, daß es einen Teil gibt, der den Klienten veranlaßt etwas zu tun, das er vom Bewußtsein her nicht tun will. Man kann so fast alle Schwierigkeiten mit dem Six-Step-Modell bearbeiten, denn diese Form der Beschreibung hat immer etwas Richtiges, weil irgend etwas schließlich immer die Schwierigkeiten bereitet.

Manchmal ist es aber günstiger, wenn man davon ausgeht, daß zwei oder mehr Teile des Klienten untereinander im Konflikt sind und dadurch – obwohl jeder der Teile für sich durchaus sinnvolle Interessen vertritt – das Verhalten des Klienten blockieren.

Stellen Sie sich als Beispiel vor, Sie wollen an einem schönen Sommerwochenende Ihre Steuererklärung machen. Sie haben sich entschlossen, diese Arbeit jetzt, während der nächsten Stunden zu erledigen – aber während Sie über den Unterlagen brüten, hören Sie irgendwo in sich eine leise Stimme: „Hey, wie wärs bei diesem einmaligen Wetter mit einem Besuch im Freibad...? Das Finanzamt kann warten, morgen wird es wieder regnen...!"

Sie stehen also von der Arbeit auf und gehen in's Schwimmbad – aber vielleicht schon auf dem Weg dorthin hören Sie eine andere innere Stimme: „Das wird aber Konsequenzen haben, wenn die Steuererklärung am Montag nicht fertig ist...!"

So stört in diesem Beispiel ein Teil den anderen, und so lange diese beiden Teile sich nicht geeinigt haben, werden Sie weder in Ruhe Ihre Steuererklärung machen, noch den schönen Sommertag im Schwimmbad genießen können. Sie sind blockiert und werden erst wieder handlungsfähig, nachdem der Widerstreit der beiden Teile, von denen durchaus jeder ein sinnvolles Verhalten anstrebt, beigelegt ist. Während man im Six-Step-Modell gesagt hätte, es gibt einen Teil, der (mit guter Absicht!) die Konzentration bei der Arbeit stört, geht man in diesem Fall davon aus, daß zwei Teile in Widerspruch stehen – und es kommt jetzt darauf an, diese Teile zu identifizieren und zur Verhandlung zu bitten.

Die entsprechende Technik nennt sich Verhandlungs-Reframing und baut sich in fünf Schritten auf; sie ist geeignet, um z. B. Konzentrationsstörungen, Schlafstörungen, Arbeitsstörungen und „Genußstörungen" zu bearbeiten.

1. Rapport-Check

2. Zwei miteinander in Konflikt stehende Teile werden identifiziert. Dabei müssen wieder Absicht und Verhalten voneinander getrennt werden. Es muß klar herausgearbeitet werden, daß beide Teile in bester Absicht handeln.

a) Fragen Sie den Teil, der gestört wird (Teil M) folgendes: *„Welches ist deine positive Funktion? Welcher Teil oder welche Teile unterbrechen dich?"* (Teil N)

b) Stellen Sie Teil N die gleichen Fragen: *„Welches ist deine positive Funktion? Wirst du jemals von M unterbrochen, wenn du deine Funktion ausübst?"*

(Wenn Teil N diese Fragen mit Nein beantwortet, wird Teil N mit einem modifizierten Six-Step-Reframing weiter bearbeitet: Direkt zum kreativen Teil schicken, um sich neue Wege zeigen zu lassen. Zeitrahmen festlegen und Ökologie-Check durchführen.)

3. Frage an beide Teile:

a) *„Ist das, was du tust so wichtig, daß du bereit wärst, den anderen nicht mehr zu stören, wenn er auch dich nicht mehr stört?"*

b) *„Unter welchen Bedingungen würdest du den anderen Teil nicht mehr stören?"*

4. *Zeit- und Bedingungsabsprachen mit beiden Teilen*

Fragen Sie jeden Teil, ob er sich verpflichtet, dieses für einen festgelegten Zeitraum von z. B. drei Wochen tatsächlich zu tun. Wenn einer der Teile mit der Vereinbarung aus irgendeinem Grunde unzufrieden sein sollte, soll er das signalisieren, damit eine neue Verhandlung geführt werden kann.

5. *Ökologie-Check*

Sind noch weitere Teile in die Sache verwickelt? Gibt es andere Teile, die diesen Teil unterbrechen oder die diese Unterbrechung benutzen? Falls das der Fall ist, verhandeln Sie neu.

Übung 35

Eine typische Klageform, für die ein Verhandlungs-Reframing indiziert ist, lautet: „Je mehr ich etwas tun will, um so mehr erreiche ich das Gegenteil."

Finden Sie 10 Indikationen, die sich in dieser Form ausdrücken (z. B. Schlaflosigkeit: „Je mehr ich mich bemühe einzuschlafen, desto länger liege ich wach.") und die durch ein Verhandlungs-Reframing bearbeitet werden könnten.

Formulieren Sie zu jeder Indikation eine mögliche Klageform.

1. Indikation:
Klageform:

2. Indikation:
Klageform:

3. Indikation:
Klageform:

4. Indikation:
Klageform:

5. Indikation:
Klageform:

6. Indikation:
Klageform:

7. Indikation:_____
Klageform:_____

_____

8. Indikation:_____
Klageform:_____

_____

9. Indikation:_____
Klageform:_____

_____

10. Indikation:_____
Klageform:_____

_____

VI
Phobie-Technik

—

Die VAKO-kinästhetische Dissoziation

Es gibt Fälle, die durch Ankertechniken oder durch ein Reframing nicht zufriedenstellend bearbeitet werden können. Vor allem, wenn die Klienten an den Folgen eines schwer traumatisierenden Erlebnisses leiden, erscheint eine Therapie aussichtslos, weil sie bei jeglichem Geschehen, das sie an das Trauma erinnert, sofort wieder von Gefühlen überwältigt werden, die denen des traumatischen Erlebnisses gleich kommen.

Kurz: Sie zeigen eine phobische Reaktion, die augenscheinlich jede direkte Bearbeitung des Traumas unmöglich macht. Oft ist das traumatische Erlebnis dem bewußten Erleben des Klienten auch gar nicht zugänglich, weil er es, um weiter leben zu können, immer wieder verdrängt.

Leslie Cameron-Bandler beschreibt eine zur Entwicklung der Phobie-Technik wichtige Beobachtung: Man wußte, daß manche Leute unterschiedliche Strategien benutzen, um sich an frühere schöne und unschöne Erlebnisse zu erinnern:

Schöne Erlebnisse werden in subjektiven, assoziierten Bildern erlebt. Die Person erlebt so die angenehmen Gefühle direkt und unmittelbar.

Unschöne Erlebnisse werden in konstruierten Bildern erinnert, in denen sich die Person dissoziiert wahrnimmt. Die Person trennt so die Gefühle vom Bild und hat sie so nur mittelbar zu diesem Erlebnis.

Auf diese Weise kann das Bewußtsein aus früheren Traumen lernen, ohne sie gefühlsmäßig zu direkt und zu bedrohlich zu erleben. Menschen, deren unbewußte Strategien die beschriebene Unterscheidung treffen, erholen sich schneller von unangenehmen Erlebnissen. Sie können aus einer dissoziierten Perspektive zurückdenken – so verringert sich der Schmerz, und das Erlebnis kann besser verarbeitet werden.

Die zunächst seltsam anmutende Verbindung „K-kinästhetisch" wird verständlich, wenn man sich klarmacht, daß im NLP das Kürzel „K" sowohl zur Kennzeichnung von Tast-, Temperatur- und Muskeleigensinn(Bewegungs)-repräsentationen benutzt wird, als auch zur Kennzeichnung viszeraler Repräsentationen (Meldungen über den Zustand der inneren Befindlichkeit), die ja die Folge von Aktivitäten des vegetativen Nervensystems sind. Löst beispielsweise die Berührung eines Gummiringes mit den Fingern (= K) eine Ekelreaktion (ebenfalls = K) aus, wo würde man von einer K-K-Synästhesie oder einer K-Phobie sprechen und demgemäß eine K-K-Dissoziationstechnik durchführen. Das hätte zur Folge, daß man einen Gummiring wieder mit neutralen Gefühlen (= neutrale Bewertung/Bedeutung) anfassen könnte.

Die Technik der visuell-kinästhetischen Dissoziation nutzt die beschriebene Strategie und verstärkt sie durch eine zusätzliche Dissoziation und Ankern.

Leslie Cameron-Bandler vermittelt durch das Protokoll einer Therapiesitzung mit einem Mädchen, das eine Vergewaltigung erlitten hat, in ihren Buch „Wieder zusammenfinden" sehr detailliert, wie sie die Technik der visuell-kinästhetischen Dissoziation anwendet und wieviel Zuwendung, Liebe und Respekt hier notwendig sind, um der Patientin die Hilfe zu geben, die sie braucht, um ihr Trauma bearbeiten zu können.

„Da ich schon wußte, daß ich bei ihr mit der visuell-kinästhetischen Dissoziation arbeiten wollte, mußte ich selbst mit meiner Person einen wirksamen Anker darstellen und außerdem Zugang zu ihren starken Gefühlen des Wohlbefindens und der Sicherheit haben. Nur mit diesen Hilfsmitteln würde ich imstande sein, sie davon abzuhalten, sich die mit dem Vergewaltigungserlebnis verbundenen Gefühle zugänglich zu machen, die ja der Vergangenheit und nicht ihrem gegenwärtigen Erleben angehörten. Nach unserer dritten Sitzung glaubte ich, daß das notwendige Vertrauen und die richtigen Anker hergestellt waren. In Anbetracht der Umstände kamen wir sehr gut voran.

Die vierte Sitzung verlief wie folgt:

Th: Jessica, Sie vertrauen mir doch, oder?

J: Ja, ja, ich vertraue Ihnen.

Th: Gut, denn ich werde jetzt mit Ihnen sprechen, und da Sie mir vertrauen, werden Sie sicher verstehen, was ich sage. Jessica, Sie sind hier mit mir in diesem Raum. Und nur Sie und ich sind hier. Sie sitzen sicher in Ihrem Bett, und ich befinde mich neben Ihnen. Können Sie meinen Arm spüren? (Jessica greift nach meinem Unterarm.) Tut gut, sich bei jemandem festzuhalten, nicht wahr?

J.: Ja.

Th: Sie erinnern sich, wie sicher Sie sich fühlen können, solange Sie sich an meinem Arm festhalten. (Jessica nickt bejahend.) Jessica, einem Teil von Ihnen ist vor ein paar Tagen etwas zugestoßen. (In diesem Fall redete ich von einem „Teil", um Jessica weiter von dem Vorfall zu disassoziieren.)

J: (Jessica beginnt sich zu verspannen und eine Angstreaktion zu zeigen.)

Th: Halten Sie sich nur fest, Jessica. Sie sind jetzt hier. Hier bei mir, sehr sicher. Holen Sie Luft und sehen Sie mich an. (Sie folgt meiner Anweisung und entspannt sich sichtlich.) Was passiert ist, ist nur mit einem Teil von Ihnen passiert, nicht mit Ihrer ganzen Person. Verstehen Sie? Nur mit einem Teil von Ihnen. Und Sie sind jetzt hier. (Jessica nickt und hält sich weiter an meinem Arm fest.)
Jener Teil von Ihnen braucht Ihre Hilfe, Jessica. Er braucht Sie, um etwas zu lernen, damit er wieder in Ordnung kommt. Sie sind jetzt hier und sicher bei mir aufgehoben, und Sie können sehr stark, ja sogar sehr stabil sein. Aber im Moment ist dieser Teil von Ihnen es ganz und gar nicht, und der braucht Sie. Für Ihre gesamte Person wird es schwer sein, sich so gut zu fühlen, wie man sich nur fühlen kann, bevor nicht dieser Teil von Ihnen die Hilfe bekommt, die er braucht. Sie wissen, daß ich hier bin, Jessica, oder? Wollen Sie mit mir zusammen anfangen, diesem Teil von Ihnen zu helfen?

J: (Jessica nickt bejahend mit dem Kopf.)

Th: Ausgezeichnet. Nun, Jessica, diesem Teil von Ihnen ging es ganz gut, bevor ihm etwas Schlimmes zustieß. Jetzt möchte ich bitten, daß Sie diesen Teil von Ihnen (sie) vor sich hinstellen und sich ansehen. Aber sehen Sie sie so, wie sie war, bevor ihr etwas Schlimmes zugestoßen war. Nicken Sie kurz, wenn Sie sie vor sich sehen können.

J: (Jessicas Pupillen erweitern sich, der Tonus der Gesichtsmuskeln lockert sich. Sie hält sich noch bei mir fest. Sie nickt.) Okay, ich kann sie sehen.

Th: Das ist sehr gut, Jessica. Wie sieht sie aus? Sieht sie okay für Sie aus dort? (Ich verweise mit meiner Geste darauf, wo sich die Visualisierung befindet.) Können Sie sehen, wie sie gekleidet ist?

J: Ja. Sie trägt Jeans und ein blaues T-Shirt.

Th: Gut. Nun behalten Sie sie dort und fühlen Sie, wie Sie meinen Arm halten.

J: Ja.

Th: Nun, Jessica, möchte ich, daß Sie außerhalb Ihres Körpers schweben; treten Sie hinter sich. So daß Sie sich selbst sehen können, wie Sie hier neben mir sitzen. Sehen Sie sich selbst, wie Sie meinen Arm halten und den Teil von Jessica vor sich sehen, der Hilfe braucht. Sie schweben außerhalb, bis Sie die Jessica neben mir sehen können, die wiederum die jüngere Jessica vor sich beobachtet. Sie beobachten sich dabei, wie Sie sich selbst beobachten. Wenn Sie sich selbst hier bei mir sehen können, nicken Sie mit dem Kopf.

J: (Jessica wird vollkommen still, ihr Atem ist flacher, und ihre Hand ruht leicht auf meinem Arm. Sie nickt.)

Th: (Ich greife mit meiner Hand hinüber und lege sie auf ihre Hand obenauf, um diese dreifache Disassoziation zu verankern.) Das ist sehr gut. Nun können Sie anfangen, dem Teil von Ihnen zu helfen, der sich dort vor Ihnen befindet. Die etwas jüngere Jessica da drüben. Beobachten Sie langsam, wie sich die Szene abzuspielen beginnt. Jener Teil von Ihnen soll Ihnen zeigen, was passiert ist, damit Sie wissen, wie Sie ihr helfen können. Stellen Sie sicher, daß Sie ruhig bleiben, wenn Sie die heutige Jessica dabei beobachten, wie sie die jüngere Jessica dabei beobachtet, wie sie durch jenes Erlebnis geht, das damals stattfand.

Während Jessica weiter sich selbst in dem vergangenen Erlebnis aus der dritten Position vorstellte, achtete ich genau auf jedes Anzeichen dafür, daß sie vielleicht in Verbindung mit dem Erlebnis geriet; d.h. daß Sie das Gefühl hatte, vergewaltigt zu werden, anstelle des Gefühls, sicher und beruhigt bei mir in der Gegenwart zu sein. Während der nächsten fünf Minuten wiederholte ich mehrmals die Anweisungen:

Th: Sie, Jessica, fühlen sich wohl hier und jetzt, während Sie sich selbst dabei beobachten, wie Sie die jüngere Jessica da drüben beobachten, die gerade durch dieses Erlebnis geht. Und Sie erfahren dabei etwas. Sie erfahren, was die jüngere Jessica von Ihnen braucht.

Wann immer ich Veränderungen in der Atmung oder in Muskelspannungen beobachtete (die darauf hinwiesen, daß sie in die Realität der Vergewaltigungsszene zurückfiel), arbeitete ich mit dem Anker an ihrem Arm, um ihr zu helfen, in der dreifachen Disassoziation zu bleiben, und wiederholte die Anweisungen; dabei betonte ich diejenigen Worte, die den disassoziativen Prozeß verstärken: Sie, da drüben, die jüngere Jessica (alles vor der Gegenwart Liegende ist jünger, selbst wenn man sich auf vier Tage vorher bezieht); Sie, hier und jetzt, heutige Jessica, sicher usw.

Als Jessica weitermachte, füllten sich ihre Augen mit Tränen, die bald über ihr Gesicht hinabströmten.

Th: So ist es schön, Jessica. Beobachten Sie sich, wie Sie hier bei mir sind und um sie weinen. Sie verdient Ihre Tränen. Wenn jenes Erlebnis vorüber ist und die jüngere Jessica von damals still ist, nicken Sie mit dem Kopf.

Jessicas Tränen waren weniger ein Wiedererleben des Angriffs, sondern vielmehr eine Reaktion auf das, was geschehen war. Jessica weinte weiter still vor sich hin, mit offenen Augen und erweiterten Pupillen, sie starrte geradewegs auf die Szene, die vor ihr ablief. Dann schließlich nickte sie.

Th: Sehr gut, Jessica. Und ich weiß, daß Sie viel gesehen haben, und ich weiß, daß Sie viel gelernt haben. Nun möchte ich, daß Sie zurück in Ihren Körper gleiten – hier neben mir – und Ihre Hand auf meinem Arm spüren, was Sie an die Gefühle der Sicherheit im Hier und Jetzt erinnert. Nicken Sie einfach wieder, wenn Sie wieder zurück in Ihrem Körper sind.

J: (Jessica nickt.)

Th: Sehr gut, Jessica. Sie haben gerade Ihr jüngeres Selbst dabei beobachtet, wie es durch ein fürchterliches Erlebnis ging. Sie braucht viel von Ihnen. Bald werden Sie zu Ihr gehen, sie in die Arme nehmen, sie halten und ihr versichern, daß Sie aus der Zukunft kommen und daß alles in Ordnung kommen wird. Es gibt noch andere Leute, die helfen werden, und Sie können ihr versichern, daß Sie sich wieder sicher fühlen wird. Jessica, sie muß wissen, daß Sie sie lieben und sich um sie kümmern; daß es ihr gut gehen wird. Und ganz besonders, daß Sie sie schätzen. Sie ist durch ein ganz schreckliches Erlebnis gegangen, und sie verdient Ihre Wertschätzung dafür, daß sie das beste tat, was sie konnte. Sind Sie bereit dafür, das zu tun, Jessica?

J: (Sie nickt und beginnt nun zu schluchzen. Sie greift mit ausgestreckten Armen vor sich hin und bringt beide Jessicas zurück in sich selbst, sich wiegend und schluchzend, sich wiegend und schluchzend.)

Nun sitze ich einfach ruhig neben Jessica, meine Hand liegt auf ihrem Rücken; und ich entdecke, daß auch mir die Tränen über das Gesicht strömen. Ich spüre, daß dies ein sehr wichtiges Erlebnis für Jessica war und daß es einen großen Schritt zu ihrer vollen emotionalen Wiederherstellung bedeutet. Schließlich verklingt ihr Schluchzen, sie legt ihre Arme um mich, und ich halte sie eine Weile.“

Die einzelnen Schritte der VAKO-kinästhetischen Dissoziation sind im folgenden, auf die Bearbeitung aller Phobien passenden Schema als Phobie-Technik dargestellt:

Die Phobie-Technik

1. *Rapport* / Rahmen / Setup
   - Neutrale Berührungspunkte

2. *Induktion der Ressource*-Physiologie
   - Analog Moment of Excellence
   - V A K O-Anker

3. *Würdigung* des Phobieteiles
   - Zuverlässigkeit
   - schnelle Reaktion
   - mgl. Schutzfunktion, die auf jeden Fall erhalten bleibt
   - Erweiterung des Repertoires

4. *Induktion der phobischen* Reaktion / Physiologie
   - V A K O-Anker

> Auf jeden Fall mit deutlichem
> **!SEPARATOR!**
> abschließen

5. *Erste Dissoziation* etablieren
   - Standbilder (s.w.) jüngeres Alter
   - mit Anker starten
   - bei drastischer Zunahme der Physiologie Anker lösen; ggf. Ressource-Anker und starken SEPARATOR benutzen

6. *Zweite Dissoziation* etablieren
   - ausschließlich Sehen und Hören, bis ein neues Verständnis da ist

7. *Erste Re-Integration*
   - nebenbei Würdigung, ggf. Reframing der Fähigkeit zu dissoziieren

8. *Trösten* / in guten Zustand versetzen
   - Ressource-Anker benutzen/auslösen, bis Ressource-Physiologie stabil ist
   - Anker zurückgeben
   - Trostzuweisung geben ⎫ solange, bis das jüngere
   - Lernanweisung geben ⎭ Selbst in gutem Zustand ist

9. *Zweite Re-Integration*
   - In diesem guten/getrösteten Zustand nimm dein jüngeres Selbst wieder ganz in dich auf.

10. *Future Pace*
    - anderweitiger Einsatz der freigewordenen Energien

11. *Ökologie-Check*
    - analog Pene-Trance
    - ggf. (z. B. bei ideomotorischem Nicken bei Punkt 3) Six-Step-Reframing für den Teil, der die phobische Reaktion utilisiert hat

Im folgenden Diagramm werden die verschiedenen Positionen noch einmal dargestellt.

Sie verandern beim Klienten das Gefühl, sich im Hier und Jetzt sicher zu fühlen. Dann stellt sich der Klient sein jüngeres Selbst 1 bildlich vor, gleitet dann aus seinem Körper heraus zur visuellen Perspektive von ③. Verankern Sie diesen disassoziativen Zustand. Aus Position ③ läßt der Klient die traumatische Episode vor sich ablaufen. Danach fügt sich ③ wieder mit ② zusammen. Dann wird 1 von ② getröstet und beruhigt, und bringt schließlich 1 zurück in ②, so daß nur noch Sie und Ihr Klient da sind.

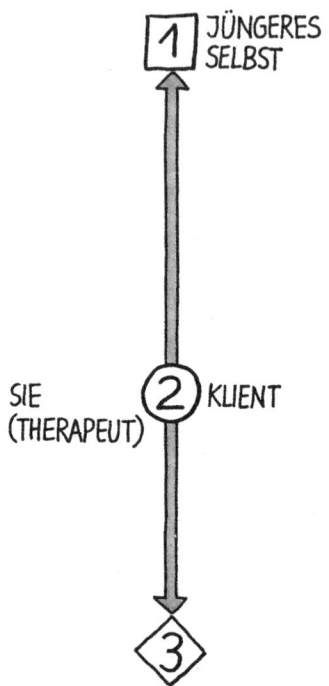

Der Klient läßt das Trauma nur aus dieser visuellen Perspektive vor sich ablaufen.

Fast Phobia

Phobie-Therapie in fünf Minuten

Die Fast-Phobia-Technik schafft vielleicht nicht nur durch wörtliche Nähe eine Fast-Food-Assoziation. Sie reduziert die Phobie-Therapie, für die Analytiker mitunter noch ein Leben brauchen, auf die absolute Rekordzeit von sechzig Sekunden langen fünf Minuten. Sie ist eine phantastische Leistung des Cineasten in Richard Bandler, der diese Technik allen großen Komikern der Leinwand und der täglichen Tragödien gewidmet hat.

Am besten für die Erprobung und Übung dieser Technik eignet sich die Halluzination eines großen Kinos:

1. *Rapport-Check*

2. *Definition und Würdigung* des phobischen Teils. Sekundärgewinne klären

3. *Kinometapher kreieren*
   „Stell dir vor, du würdest im Kino sitzen, irgendwo mitten im Zuschauerraum."

4. *Etablieren der ersten Dissoziation A1*
   Klient (A) und Therapeut (B) sitzen im Kino und betrachten in der Vorschau schwarz-weiß-Photos (A1) kurz vor Eintritt des traumatischen Ereignisses.

5. *Etablieren der zweiten Dissoziation A2*
   A dissoziiert und geht als A2 in den Vorführraum.

6. *Filmvorführung*
   A2 kann aus dem Vorführraum A im Kino und A1 auf der Leinwand schwarz-weiß sehen.

A2 drückt auf den Knopf und läßt den Film laufen (schwarz/weiß mit Ton) und schaut ihn sich aus dem Vorführraum bis zum Ende der Szene an.

7. Submodale Veränderung des Filmes

(Für alle kein Problem, die „People Rose of Cairo" von Woody Allen gesehen haben.) A 2 kommt aus dem V-Raum, vereinigt sich mit A, schlüpft in das Standbild (A1). In diesem Moment wird das ganze Geschehen 3-dimensional, farbig und läuft in 10facher Geschwindigkeit rückwärts bis zum Ausgangspunkt. Dieses Erlebnis findet jetzt assoziiert statt und die Verarbeitung des Traumes wird vor allem aus der Humor-Ressource geleistet.

8. Weitere submodale Veränderung des Filmes

Wiederholung der Schritte 5 + 6, anschl. Schritt 7 mit noch erhöhter Geschwindigkeit.

9. Wiederholung von 8, so lange bis das ganze Geschehen weniger als eine Sekunde dauert.

Zusätzlich zu der Veränderung der verschiedenen Submodalitäten (Farbe, 3-D, rückwärts, Geschwindigkeit) können z. B. eine Zirkusmusik und akzentuierte Sound-Effekte die in dieser Technik beabsichtigten Slapstick-Assoziationen verstärken.

10. Öko-Check und Future Pace

Fast-Phobia-Erfahrungen aus der Praxis

Die Fast-Phobia-Technik eignet sich (in Abgrenzung zu Richard Bandler, der in der ihm eigenen Grandiosität behauptet, alle phobischen Reaktionen damit behandeln zu können) nach unserer Erfahrung vor allem für „milde" phobische Reaktionen. Sie ist immer dann wertvoll, wenn Humor als eine geeignete Ressource zur Veränderung des subjektiven Erlebens angebracht ist. Nach unserer Erfahrung können traumatische Erlebnisse, die mit einer massiven Verletzung physischer oder psychischer Art gekoppelt sind (Unfälle, Prügel, Vergewaltigung etc.) mit der Fast-Phobia-Technik nicht angemessen behandelt werden; schlimmer noch, der Klient wird sich nicht ernstgenommen fühlen und vorwärts und rückwärts gesehen praktisch identische Verläufe haben (z. B. Vergewaltigung). Roland Gruber berichtet von einem fehlgeschlagenen Fast-Phobia Versuch: Die Klientin, die unter Höhenängsten litt, hatte eine Situation ausgewählt, in der sie sich im Gelände vorsichtig auf den Rand eines Abgrundes zubewegte, dann hinunterschaute, Panik bekam und sich dann, um sich zu schützen, langsam rückwärts wieder entfernte. Als diese Szene dann rückwärts lief, wurde der Rettungsversuch der Klientin (rückwärts gehen) zu einem schwungvollen, schnellen Anlauf auf den Abgrund zu.

Der Fast-Phobia-Versuch endete so in einer – völlig berechtigten – panischen Reaktion, die nur mit großem beiderseitigen Aufwand an Separator-state-Manövern in einen ressourcevollen Hier- und Jetzt-Zustand zu überführen war. Nur der sehr gute Rapport zwischen Therapeut und der Klientin verhinderte hier den Abbruch der Therapie, die über eine „klassische" Phobie-Arbeit schließlich zum Erfolg führte.

Übung 36

Repräsentieren Sie sich eine Ski-Abfahrt, eine Fahrt mit der Achterbahn, eine Situation in der Badewanne und vielleicht auch eine Situation intimer Lust.

Erleben Sie diese Situationen assoziiert. Beobachten Sie, wie z. B. während der Ski-Abfahrt Bäume, Schneehügel und andere Skiläufer auf Sie zukommen und an Ihnen vorbeigleiten. Beobachten Sie gleichzeitig Ihre kinästhetischen Repräsentationen. Achten Sie darauf, welche Befindlichkeits-Veränderungen während dieser Übungen in Ihrem Körper stattfinden.

Erleben Sie die gleichen Situationen dissoziiert, nachdem Sie aus sich herausgeschlüpft sind und von hinten und oben, etwa aus drei Meter Entfernung, auf Ihren Scheitel schauen.

Beobachten Sie, welche kinästhetischen Repräsentationen Sie in dieser dissoziierten Position haben.

Machen Sie die Übung zu zweit und schildern Sie sich die für Ihre dissoziierte und assoziierte Position unterschiedlichen Wahrnehmungen und Befindlichkeiten oder protokollieren Sie die Unterschiede für sich allein.

Übung 37

Finden Sie Vorstellungen, Metaphern, die Ihnen das Dissoziieren erleichtern, d.h. die einen Abstand, eine Distanz zu den assoziiert erlebten Gefühlen herstellen.

Z. B.:   • sich selbst durch eine Panzerglasscheibe sehen

   • hinter einem Wall von Sandsäcken stehen

   • ....

   • ....

Übung 38

Diese Übung kann Ihnen möglicherweise bei leichten bis mittleren Schmerzen gut helfen:

Setzen oder legen Sie sich entspannt hin. Nach ein paar tiefen Atemzügen bis tief hinunter in den Bauch, bis hinein in die Fingerspitzen, schließen Sie die Augen, atmen sanft und entspannt weiter und dissoziieren dann behutsam. Sie schweben aus Ihrem Körper und sehen sich dann unter sich entspannt sitzen oder liegen. Verlassen Sie jetzt leise, ohne den zu stören, der dort sitzt oder liegt, den Raum. Gehen Sie in die Badestube, drehen Sie das Wasser in einer für Sie angenehmen Temparatur auf. Schlüpfen Sie aus Ihren Kleidern und spüren Sie, wie sich die Badewanne durch jeden Atemzug, den Sie tun, mit warmem, weichem Wasser füllt. Genießen Sie die wohlige Wärme auf Ihrer Haut und vielleicht auch den Duft Ihres Badeöls und die Entspannung, die sich langsam überall in Ihrem Körper ausbreitet.

Vielleicht träumen Sie sich nun an einen warmen südlichen Strand. Sie hören das sanfte Rauschen der Brandung und einen leichten Wind in den Palmen über sich ...

Lassen Sie sich Zeit für diesen Traum und kommen Sie nun langsam wieder zurück – erst in die Badewanne und dann zurück zu diesem Buch, das Sie hier und jetzt in Ihren Händen halten.

Sie werden sich an alle diese Bilder, Geräusche, Gefühle und Gerüche erinnern, wenn Sie sich entspannen und einen Schmerz loslassen wollen.

Anstelle eines Nachwortes
Die Einpack-Strategie

Immer, wenn ein Prozeß während der zur Verfügung stehenden Zeit nicht abgeschlossen werden kann ...

Wenn Sie z. B. dieses Buch bis hierhin gelesen haben, vieles aber noch nicht so in sich integriert haben, daß Sie es als gelernt, geübt und anwendbar bezeichnen wollen – dann repräsentieren Sie sich alle noch nicht integrierten Teile. Das sind Ihre Möglichkeiten, die Ihnen zur Zeit noch nicht voll zur Verfügung stehen. Aber denken Sie daran, bald werden Sie das alles benutzen können. Packen Sie es irgendwie, auf Ihre Weise ein – lassen Sie sich Zeit dazu – und nehmen Sie es mit. Ihr Unterbewußtsein ist kreativ und zuverlässig. Vielleicht kommen Sie über Nacht im Traum zu neuen Perspektiven und Möglichkeiten. Denken Sie immer daran, was Richard Bandler über ein Gespräch mit Milton H. Erickson berichtet:

> Das letzte Mal, als ich bei Milton Erickson war, sagte er etwas zu mir. Während ich ihm gegenüber saß, fand ich keinen Sinn darin. Die meisten seiner verdeckten Metaphern machten ... Ewigkeiten von Sinn für mich. Aber er sagte etwas zu mir, wofür ich ziemlich lange brauchte, um dahinter zu kommen. Milton sagte zu mit: „Du selbst hältst dich nicht für einen Therapeuten, aber du bist ein Therapeut." Und ich sagte: „Nun, eigentlich nicht." Darauf sagte er: „Nun, laß uns so tun, als ob ... du ein Therapeut bist, der mit Leuten arbeitet. Das Allerwichtigste, ... wenn du so tust, als ob..., ist, zu wissen, ..., daß du es eigentlich nicht bist... Du tust nur so, als ob ... Und wenn du in dem So-tun-als-ob wirklich gut bist, dann werden die Leute, mit denen du arbeitest, so tun, als würden sie sich verändern. Und sie werden vergessen, daß sie nur so tun, als ob ... für den Rest ihres Lebens. Hauptsache, du läßt dich dadurch nicht täuschen." Und dann sah er mich an und sagte:
>
> **„Bis dann."**

Glossar

Die folgenden Begriffe und ihre Definition sind nicht alphabetisch, sondern nach der Reihenfolge ihres Auftretens im Basiskurs geordnet.

Rapport: Name für die Tatsache, daß 2 oder mehr Personen auf der gleichen „Wellenlänge" schwingen, in „Resonanz sind", sich auch ohne Worte „verstehen" oder ihre Vorstellungen auf einer Ebene miteinander austauschen – angleichen. Von außen in der Regel an zeitgleichen Bewegungsmustern, ähnlichen Satzmelodien und anderen Ähnlichkeiten zu erkennen.

Pacing: Name für den Prozeß der „schrittweisen" An- (Schritt halten) Gleichung meiner Bewegungs-, Stimm- und Sprachmuster (z. B. Atmung, Körperhaltung, Sprechtempo usw.) an die meines Gegenübers. Pacing führt zu Rapport und ist die Voraussetzung für Leading.

Leading: Name für die Tatsache, daß alle höheren Organismen
(Führen) eine automatische Tendenz zum Pacing haben (z. B. kleine Kinder ahmen automatisch Atmung, Stimmung und Bewegungsmuster ihrer Eltern nach), was man dazu benutzen kann, sie schrittweise (Pacing) in andere Zustände zu führen. Der Prozeß der Hypnose beispielsweise läßt sich sehr einfach als eine Abfolge von Pacing und Leading zwischen Hypnotiseur und Hypnotisant beschreiben. Mehr ist nicht nötig. Das ist NLP.

Setup: Name für die Tatsache, daß nach Abschluß der Rap-
(Rahmensetzung) portphase die Interaktionspartner Vereinbarungen über den Rahmen treffen, innerhalb dessen sie ein bestimmtes Ergebnis erzielen wollen. Wichtiges Rahmenele-

ment ist die Festlegung des gemeinsamen Zieles. Das Setup kann auch Teil der Rapportherstellung sein.

Wahrnehmungsposition

Name für die Tatsache, daß Menschen die Fähigkeit besitzen, entweder mit sich und den eigenen Bedürfnissen in Verbindung zu stehen, oder sich in die Position des Gegenübers zu versetzen, mit dessen Bedürfnissen in Verbindung zu stehen, oder aus einer bedürfnisfreien beobachtenden und zuhörenden 3. Position sich selbst und das Gegenüber als eine durch Regeln gekennzeichnete Interaktionseinheit zu betrachten und zu verstehen.

Gleichzeitigkeitsprinzip: (Koinzidenz)

Name für die Tatsache, daß das Gehirn zwei neuronale Erregungen, die das Gehirn zum gleichen Zeitpunkt erreichen, diese in der Zukunft wieder beide gleichzeitig erzeugt, auch wenn nur eine davon im Gehirn ankommt.

Anker:

Name für einen äußeren (externalen) oder inneren (internalen) Stimulus, der eine gesamtorganismische Reaktion auflöst.

Physiologie:

Name für eine von außen erkennbare gesamtorganismische Reaktion, z. B. Veränderung von Hautfarbe, Spannungszustand der Haut, Muskeltonus, Atemfrequenz und -tiefe, minimale Muskeleinstellungen (z. B. der Augenlider oder des Mundes), sog. ideomotorische Signale (unbewußt minimale Bewegungen von Gliedmaßen) usw.

Zustand:

Name für bestimmte klar voneinander abgrenzbare Physiologien. Unterschieden werden aus Zweckmäßigkeitsgründen der Stuck-State, der Problem-State, der

230

Separator-State, der Target (Ziel)-State und der Ressource-State. Manche NLPler sprechen zusätzlich auch vom Trance-State.

Separator: Name für alle Aktionen, die ich unternehme, um mein Gegenüber in den Separator-State (=Hier und Jetzt-Zustand) zu holen. Ein Separator war dann ein Separator, wenn mein Gegenüber danach mit seiner Aufmerksamkeit voll und ganz auf das gerichtet ist, was hier jetzt gerade in diesem Moment an diesem Ort zu sehen, zu hören, zu tasten, zu riechen und zu schmecken ist.

Ressource: Name für die Tatsache, daß jeder Organismus über Möglichkeiten oder Fähigkeiten (= Ressourcen) verfügt, die ihn befähigen, in seiner Umwelt zu überleben. Die Fähigkeit zu schreien z. B. ist für das kleine Baby die Ressource, die es benutzt, um sich mit der nötigen Nahrung (Elternteil kommt und nährt) zu versorgen. Zu den Grundressourcen gehören u. a. die Fähigkeit zu lernen; die Fähigkeit, sich bewegen zu können; die Fähigkeit zu genießen u.a.m.

Vako: Name für die 5 Sinne: Sehen (V = visuell), Hören (A = auditiv), Tasten (K = kinästhetisch), Riechen (O = olfaktorisch). Der 5. Sinn (G = gustatorisch) wurde von den amerikanischen Erfindern von NLP einfach dem O zugeordnet. Zum K gehören auch der Temperatur- und der Muskeleigensinn (die Propriozeptoren).

Repräsentationen: Name für die gehirninterne Darstellung von Sinneswahrnehmungen – sowohl externer als auch interner, aus dem Gedächtnisspeicher stammender. Die Modellvorstellung, daß das Gedächtnis sinnesspezifisch arbeitet, hat sich durch Anwendung von NLP als sehr nützlich und brauchbar erwiesen.

Synästhesie: Name für die Tatsache, daß nach dem Koizidenzprinzip eine Repräsentation in einem Sinn (z. B. ein inneres Bild) automatisch Repräsentationen in allen anderen Sinneskanälen (z. B. einen inneren Klan, einen inneren Geruch/Geschmack, eine innere Empfindung) hervorruft.

Assoziation: Name für die Tatsache, daß in der Regel (1. und 2. Wahrnehmungsposition) Sinneswahrnehmungen (externale wie auch internale = Repräsentationen) mit Bewertungen (= vegetativen Aktivitäten) verbunden sind. Da wir gewohnt sind, die vegetativen Aktivitäten auch Gefühle zu nennen, ist es im NLP leider zu einer Umschärfe gekommen, denn auch diese Gefühle (=vegetative Aktivitäten) werden K (= kinästhetisch) zugeordnet.

Strategie: Name für die Tatsache, daß Denk-, Erinnerungs- und Entscheidungsprozeduren im Gehirn (also Denken) immer als zeitliche Abfolge (= Sequenz) von VAKO-Repräsentationen erfolgen. Der Begriff „Stuhl" z. B. könnte von einer Person als K-V-K-Sequenz (interne Bewegung des Hinsetzens – Bild eine Stuhles – Gefühl des Sitzens = vegetativer Zustand) durchlaufen werden und wäre die ganz individuelle Strategie dieser Person, sich einen Stuhl vorzustellen. Von einer anderen Person könnte der Begriff „Stuhl" als V-A-V-K-K-Sequenz (internes Bild eines Stuhles – Geräusch, das der Stuhl beim Hinsetzen macht – internes Bild von sich selbst sitzend – Empfindung des Druckes auf das Gesäß – Gefühl des Sitzens = vegetativer Zustand) durchlaufen werden und wäre die ganz individuelle Strategie dieser Person, sich einen Stuhl vorzustellen. Strategien laufen in der Regel so schnell ab, daß sie dem bewußten Denken verborgen bleiben. Das bewußte Denken verfügt lediglich über die Ergebnisse.

Augenbewegungs-muster: Name für die Tatsache, daß die in Strategien ablaufenden Aktivitäten des Gehirns Ganzkörperaktionen sind und sich besonders leicht an systematischen Bewegungen und Stellungen der Augäpfel erkennen lassen.

Insbesondere gibt es ganz charakteristische Augenstellungen für Sehen, für Hören, für Fühlen und für inneres Sprechen (= innerer Dialog). Verifizieren lassen sich diese Muster erst nach Angleichung der Landkarten, d.h. wenn die Personen im Rapport sind. Das erschwert den streng wissenschaftlichen Nachweis. Die Augenbewegungsmuster unterscheiden sich spiegelbildlich zwischen Menschen, die rechtsdominant organisiert sind und solchen, die linksdominant organisiert sind.

Dissoziation: Name für die Tatsache, daß Sinnesrepräsentationen von der vegetativen Bewertungsfunktion losgelöst sind (werden können). Der Vorgang der Dissoziation ist der elementare Punkt z. B. jeder Phobiebehandlung. Eine Phobie ist im NLP als eine V-K, A-K, O-K, oder K-K-Synästhesie definiert.

Integration: Zwei oder mehrere voneinander dissoziierte Repräsentationen oder auch ganze Physiologien bzw. Zustände werden durch Zusammenbringen der zugehörigen Anker (das können sowohl die natürlichen Anker, als auch von Therapeuten künstlich hinzugefügte Anker sein) miteinander verbunden. Die Integration bewirkt neue Synästhesien und damit neues Lernen.

Reframing: Name für den Prozeß des „Bedeutungswandels", genauer gesagt eine gezielte Abfolge von Dissoziation und Integration. Die ursprüngliche Bedeutung (= Bewertung = vegetative Aktivität) wird von einer Repräsentation gelöst und eine neue hinzugefügt. Man kann auch sagen, ein Inhalt (= Repräsentation) wird aus einem Rahmen gelöst und in einen neuen Rahmen gestellt (engl.: Frame = Rahmen). Die schnellste und eleganteste Form des Reframings ist ein guter Witz.

Submodalitäten: Name für die Tatsache, daß das Gehirn innerhalb eines Sinnes (z. B. des Sehsinnes = V) kontinuierliche „submodale" Einstellungen vornimmt. Die Erfahrung zeigt, daß diese submodalen Einstellungen sehr eng mit der Bedeutungszuordnung (= vegetative Aktivität) verknüpft sind, so daß sich über Veränderungen der submodalen Einstellungen sehr schnell Bedeutungsveränderungen erreichen lassen. Filmregisseure, Fotografen, Hörspielregisseure u. a. verwenden dieses Wissen seit langem, um die Gefühle der Zuschauer zu manipulieren.

Teilemodell: Name für die Modellvorstellung, daß Leistungen/Fähigkeiten des Menschen durch Zusammenarbeit von „inneren Abteilungen" (= Teilen) erbracht werden. Teile sind sozusagen Organisationseinheiten, in denen ganze Sets von Strategien zusammengefaßt und bestimmte andere ausgeschlossen sind. Man könnte z. B. so tun, als gäbe es einen Teil, der für „Erfolg" zuständig ist, und einen anderen, der für „Solidarität" mit dem Vater zuständig ist. Diese Teile könnten dann zusammenarbeiten, äußerlich zu erkennen an Kongruenz. Oder sie könnten sich gegenseitig ausschließen (sich bekämpfen), äußerlich zu erkennen an Inkongruenz. Im Beispiel könnte der Teil, der für Solidarität mit dem Vater zuständig ist, verhindern, daß man eine Prüfung erfolgreich besteht, um es unmöglich zu machen, daß man sich auf eine höhere Ebene als der Vater begibt. Dem Teilemodell liegt eine hierarchische Struktur zugrunde.

Ökologie: Name für die Fähigkeit des ganzen Gehirns, über die Grenzen des bewußten Denkens hinaus ganzheitlich Zusammenhänge zu erfassen oder herzustellen. Das Gehirn (in diesem Sinne oft das Unbewußte genannt) weiß, daß ein vom Bewußtsein angestrebtes Ziel (z. B. beruflicher Erfolg) negative Konsequenzen in einem anderen Kontext (z. B. Familienleben) haben würde, solange nicht andere Bedingungen oder Voraussetzungen vorher realisiert sind. Das Unbewußte wird hierarchisch über dem Bewußtsein angesiedelt. So gesehen könnte das berufliche Versagen als eine Schutzmaßnahme vor der Zerstörung des Familienlebens angesehen werden. NLP arbeitet ökologisch dadurch, daß es solche „Einwände" aus dem Unbewußten (die sich z. B. in Inkongruenzen äußern) nicht übergeht oder gar bekämpft, sondern sie kreativ zur Erweiterung der Möglichkeiten nutzt (Utilisation).

Kongruenz-Check: Name für die Tatsache, daß spätestens am Ende einer spezifischen Intervention (wenn die neuronalen Voraussetzungen für das neue Verhalten geschaffen sind) durch einen inneren Schritt in die Zukunft (Future Pace) geprüft wird, ob alle Teile des Gehirns (der bewußten sowie der unbewußten Anteile) mit der vorgenommenen Veränderung einverstanden sind. Einfachste Möglichkeit des Kongruenz-Checks ist der Symmetrie-Check, d.h. ich schaue nach, ob sich der Körper meines Gegenübers beim geistigen Schritt in die Zukunft zu einer durch die Körpermitte gezogenen Linie symmetrisch einstellt oder eingestellt hat. Ist das nicht der Fall, gibt es in der Regel noch Einwände oder Vorbehalte gegen die geplante Verwirklichung des neuen Verhaltens.

Utilisation: Name für die Tatsache, daß es im NLP keine „Störungen" gibt. Es gibt nur Fähigkeiten oder Energien, die das vordergründige (bewußte) Ziel sabotieren, weil dadurch ein globaleres oder weitreichenderes Ziel verletzt würde. Im NLP gibt es viele Techniken, solche sog. „Störungen" nutzbar zu machen – zu utilisieren. Eine davon heißt Reframing.

Future Pace: Name für die Tatsache, daß jede NLP-Intervention damit abgeschlossen wird, daß die neugefundenen Wege und Möglichkeiten während eines geistigen Schrittes in die Zukunft in verschiedenen Kontexten vorstellungsmäßig ausprobiert werden. Dadurch findet in der Regel eine Kontextorientierung statt. Erst wenn diese mit dem Öko-Check, dem Kongruenz- und Symmetrie-Check vollständig abgeschlossen ist, gilt die Intervention als erfolgreich beendet. Danach folgt der Test in der Realität.

Kontextsortierung: Name für die Tatsache, daß ein bestimmtes Verhalten, eine bestimmte Fähigkeit (z. B. Nasebohren) in einem Kontext (z. B. Familie) angemessen, in einem anderen Kontext (z. B. Beruf) dagegen unangemessen, ja sogar schädlich sein kann. Viele Menschen z. B. haben ihr „Durchsetzungsverhalten" nur einfach unangemessen kontextsortiert.

Auflösung der Übungen
(5, 6, 19, 21, 22, 25, 34)

Lösungen für Übung 5

Lernen Sie die Sprachen Ihrer Sinne sprechen

Werden Sie sich klar darüber, durch welchen Sinneskanal die folgenden Wörter und Redewendungen geprägt sind. Doppelbedeutungen sind möglich.

Übersehen	V
schrill	A
dumpf	A
stumpf	K
Gerücht	O
Rücksicht	V
übereinstimmen	A
vor Augen haben	V
harmonisch	A
Klarheit	V
Härtefall	K
scharf	K
knisternde Spannung	A K
Weitsicht	V
mollig	A K
knackig	A
unerhört	A
Blickwinkel	V
Verständnis	A
begreifen	K

Lösungen für Übung 6

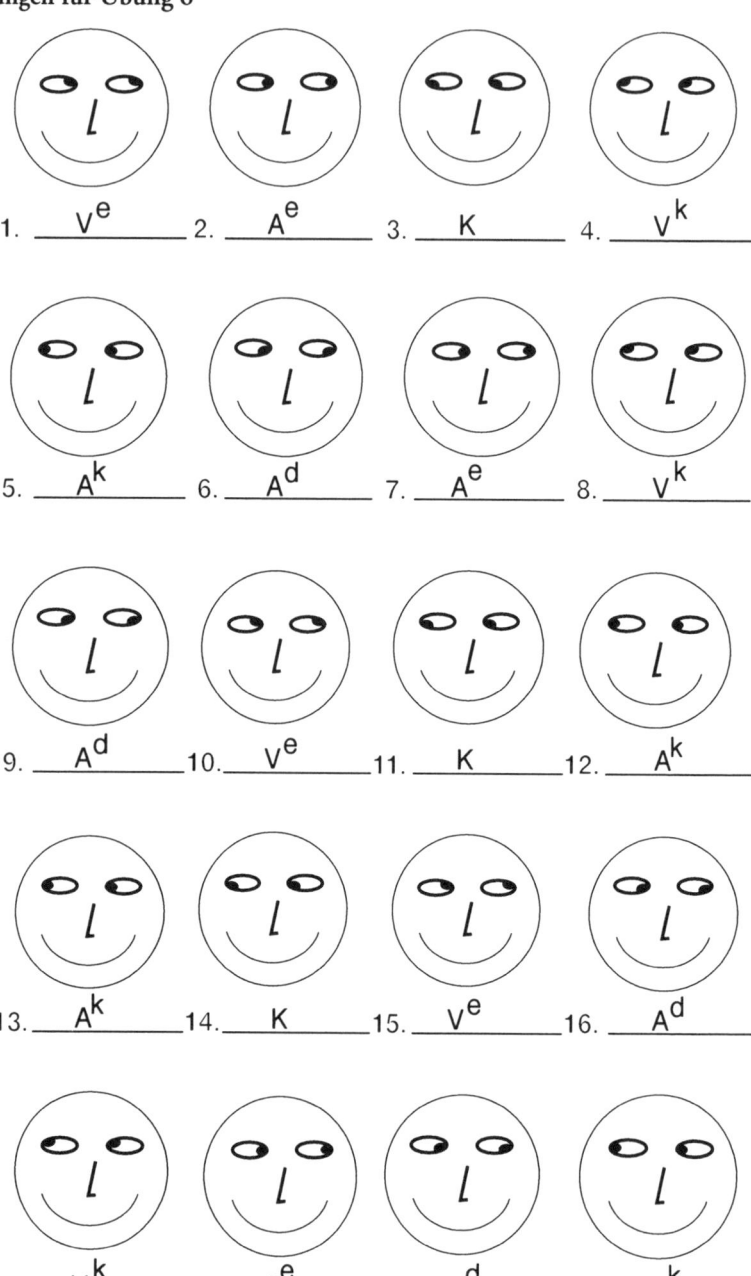

1. V^e
2. A^e
3. K
4. V^k
5. A^k
6. A^d
7. A^e
8. V^k
9. A^d
10. V^e
11. K
12. A^k
13. A^k
14. K
15. V^e
16. A^d
17. V^k
18. A^e
19. A^d
20. A^k

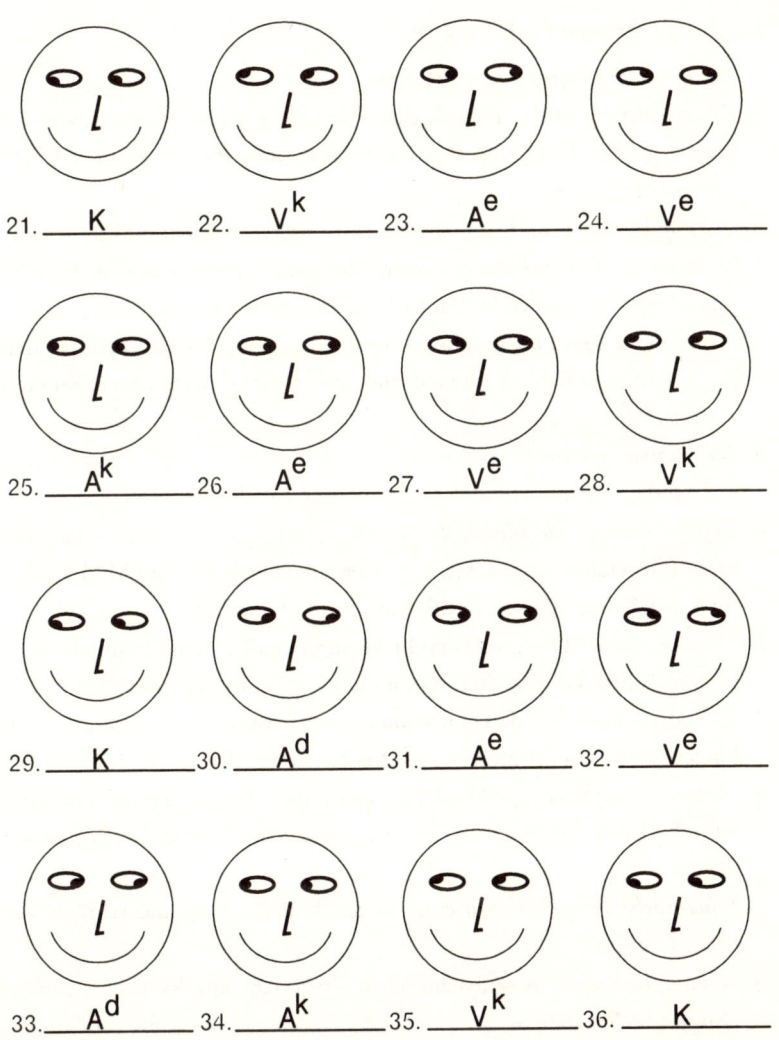

21. ___K___ 22. ___V^k___ 23. ___A^e___ 24. ___V^e___

25. ___A^k___ 26. ___A^e___ 27. ___V^e___ 28. ___V^k___

29. ___K___ 30. ___A^d___ 31. ___A^e___ 32. ___V^e___

33. ___A^d___ 34. ___A^k___ 35. ___V^k___ 36. ___K___

Mögliche Lösungen für Übung 19

1. Definieren Sie folgende Bezeichnungen

a) *Generalisierung* ist der Prozeß, durch den Teile einer Erfahrung von der ursprünglichen Erfahrung abgelöst werden, um dann die gesamte Erfahrung zu verkörpern.

b) *Tilgung* ist der Prozeß, durch den wir unsere Aufmerksamkeit selektiv bestimmten Wahrnehmungen zuwenden und andere, in diesem Kontext unwichtiger erscheinende Wahrnehmungen ausschließen.

c) *Ursache und Wirkung* – Es besteht hier die Annahme, daß eine Person durch ihr Handeln ursächlich jemand anderen in einen bestimmten Zustand versetzt.

d) *Information gewinnen* – Durch passende Fragen auf eine präzise und vollständige Formulierung des präsentierten Inhaltes drängen.

e) *Einschränkungen im Modell des Sprechers* entstehen durch Universalquantoren (Generalisierungen wie: alle, jeder, niemand, nie) und Modaloperatoren der Notwendigkeit (muß, kann nicht, darf nicht).

f) *Gedanken lesen* – Der Sprecher geht davon aus, daß jemand ihn durchschaut und ihn, ohne daß eine direkte Kommunikation stattgefunden hat, verurteilt oder umgekehrt, daß er jemand anderen aufgrund von „Wahnvorstellungen" anstatt aufgrund von Informationen einschätzt.

g) *Verlorener Performativ* – Verallgemeinerungen, die für den Sprecher und seine Weltsicht gültig sind, werden generalisierend auf andere Menschen übertragen.

h) *Semantische Fehlgeformtheit* entsteht durch Verzerrung und schränkt die Erfahrung ein.

i) *Nominalisierung* – Aus dynamischen Prozessen, aus Verben entstehen Dinge, also Substantive.

j) *Modaloperator der Notwendigkeit* – Worte wie muß, kann nicht, darf nicht, es ist notwendig.

k) *Fehlen des Beziehungsindex* – Durch Generalisierung verschwindet der Beziehungsindex.

l) *Verzerrung* ermöglicht es uns, in der Wahrnehmung sensorischer Einzelheiten eine Umgestaltung vorzunehmen. Wir verzerren die Realität in unseren Zukunftsvisionen, in der Kunst und in der Wissenschaft.

m) *unvollständig spezifiziertes Verb* – Spezifische Erfahrungen werden pauschal formuliert, so daß der Zuhörer sich nicht sicher sein kann, ob seine Interpretation mit dem tatsächlichen Erlebnis noch etwas zu tun hat.

n) *Universalquantoren* sind Worte wie alle, jeder, niemand, nie.

2. *Nennen Sie die drei Kategorien des Meta-Modells:* Generalisierung, Tilgung, Verzerrung

3. *Warum hilft das Hinterfragen unvollständiger Aussagen dem Klienten dabei, das Modell seiner Welt zu erweitern und reicher zu machen?*
Es werden Informationen gewonnen. Die Einschränkungen im Modell des Sprechers werden bewußt und können aufgelöst werden. Semantische Fehlgeformtheiten werden diagnostiziert und behoben.

4. Kreuzen Sie die richtigen Antworten an: Das Meta-Modell wird benutzt, um:

☐ Informationen zu gewinnen

☐ die Grenzen im Modell der Welt eines Klienten zu erkennen

☐ die Handlungsmöglichkeiten eines Klienten zu erweitern

☐ einem Klienten mehr Wahlmöglichkeiten in der Erfahrung der Welt zu geben

☒ alle Antworten sind richtig.

Mögliche Lösungen für Übung 21

1. Ich habe keine Lust.
Meta-Modell-Frage: Wozu hast du keine Lust?
Kürzel: Ti

2. Nie hört mir jemand zu.
Meta-Modell-Frage: Wer genau hört nie zu?
Kürzel: FBx (Uqu)

3. Die Befriedigung meiner Begierden wird zu einem Zwang.
Meta-Modell-Frage: Wie könntest du deine Begierden stillen?
Kürzel: N

4. Ich gebe es auf.
Meta-Modell-Frage: Wie genau gibst du es auf?
Kürzel: UsV

5. Das funktioniert niemals.
Meta-Modell-Frage: Wird es wirklich niemals funktionieren?
Kürzel: Uqu

6. Immer wenn er das sagt werde ich wütend.
Meta-Modell-Frage: Wie genau verursacht er es genau, daß ... ?
Kürzel: U & W

7. Ich darf gar nicht daran denken.
Meta-Modell-Frage: Was würde passieren, wenn du daran denken würdest?
Kürzel: MO

8. Jungen weinen nicht.
Meta-Modell-Frage: Für wen ist das gültig?
Kürzel: VP (Uqu)

9. Das muß aber unbedingt sein.
Meta-Modell-Frage: Was würde passieren, wenn es nicht so wäre?
Kürzel: MO

10. Es würde mich glücklich machen, wenn du es tätest.

Meta-Modell-Frage: Wie kommt es, daß es dich glücklich machen würde, wenn ich es täte?

Kürzel: U & W

11. Das weiß doch jedes Kind.

Meta-Modell-Frage: Weiß das wirklich jedes Kind?

Kürzel: Uqu (VP)

12. Der Prozeß der Nominalisierung führt von Beweglichkeit zur Feststellung des Wesentlichen.

Meta-Modell-Frage: Wie könntest du das Wesentliche feststellen?

Kürzel: N

13. Ich bin verletzt.

Meta-Modell-Frage: Wie genau bist du verletzt?

Kürzel: UsV

14. Alle sagen es immer wieder.

Meta-Modell-Frage: Wer genau sagt es immer wieder?

Kürzel: FBx (Uqu)

15. Er ist ungeschickt.

Meta-Modell-Frage: In was ist er ungeschickt?

Kürzel: Ti (UsV)

16. Das tut nichts zu Sache.

Meta-Modell-Frage: Wie genau tut es nichts zur Sache?

Kürzel: UsV (Ti)

17. Es liegt an ihm.

Meta-Modell-Frage: Wie genau liegt es an ihm?

Kürzel: UsV (Ti)

18. Die Erhabenheit des Geistes ist nichtiger als das Ausleben der Triebe.

Meta-Modell-Frage: Wie könnte sich der Geist über die Triebe erheben?

Kürzel: N

19. Das trifft ihn.
Meta-Modell-Frage: Wie genau trifft es ihn?
Kürzel: UsV (Ti)

20. Wir sind alle sehr unsensibel.
Meta-Modell-Frage: Wie genau ist sehr unsensibel?
Kürzel: FBx (Uqu + UsV)

21. Das ist wahr.
Meta-Modell-Frage: Was ist wahr?
Kürzel: Ti

22. So lange alles in Fluß und Bewegung ist, ist eine Veränderung noch einfach.
Meta-Modell-Frage: Wie könnte es sich verändern?
Kürzel: N

23. Ich habe immer Pech.
Meta-Modell-Frage: Hast du schon jemals kein Pech gehabt?
Kürzel: Uqu (N)

24. Du regst mich auf.
Meta-Modell-Frage: Wie mache ich es, daß du dich aufregst?
Kürzel: U & W (UsV)

25. Das kannst du unmöglich tun.
Meta-Modell-Frage: Was würde passieren, wenn ich es täte?
Kürzel: MO (Ti)

26. Das ist gegen Sitte und Moral.
Meta-Modell-Frage: Für wen ist es gegen Sitte und Moral?
Kürzel: VP

27. Männer sind so.
Meta-Modell-Frage: Für wen sind Männer so?
Kürzel: VP

28. Das muß man einfach gesehen haben.
Meta-Modell-Frage: Wer muß das einfach gesehen haben?
Kürzel: VP (MO)

29. Ich ärgere mich über ihn.
Meta-Modell-Frage: Wie macht er es, daß du dich über ihn ärgerst?
Kürzel: U & W

30. Er weiß immer alles besser.
Meta-Modell-Frage: Hat er es schon einmal nicht besser gewußt?
Kürzel: Uqu

31. Er fügt sich in sein Schicksal.
Meta-Modell-Frage: Wie genau fügt er sich seinem Schicksal?
Kürzel: UsV

32. Ich habe Angst.
Meta-Modell-Frage: Wovor hast du Angst?
Kürzel: Ti

33. Das ist alles Mist.
Meta-Modell-Frage: Was genau ist alles Mist?
Kürzel: FBx (Uqu)

34. Der Vollzug der heiligen Handlung findet unter Ausschluß der Öffentlichkeit statt.
Meta-Modell-Frage: Ist die Handlung nur heilig, wenn die Öffentlichkeit ausgeschlossen ist?
Kürzel: N

35. Sie stellt sich alles ganz anders vor.
Meta-Modell-Frage: Wie genau stellt sie es sich vor?
Kürzel: UsV (FBx)

36. Jeder hat das Recht dazu.
Meta-Modell-Frage: Hat wirklich jeder das Recht dazu?
Kürzel: Uqu (N + UsV)

37. Alle wissen, was ich darüber denke.
Meta-Modell-Frage: Woher genau weißt du, daß alle wissen, was du darüber denkst?
Kürzel: Gdl (Uqu + UsV)

38. Man sieht es mir einfach an.
Meta-Modell-Frage: Woher genau weißt du, daß man es dir einfach ansieht?
Kürzel: Gdl

39. Wer A sagt muß auch B sagen.
Meta-Modell-Frage: Für wen ist das so?
Kürzel: VP (MO)

40. Es tut mir leid, daß ich Sie langweile.
Meta-Modell-Frage: Woher genau wissen Sie, daß ich Sie langweile?
Kürzel: Gdl

41. Das geht nur so und nicht anders.
Meta-Modell-Frage: Für wen geht das nur so?
Kürzel: VP (MO)

42. Jeder weiß, wie das ist.
Meta-Modell-Frage: Woher genau weißt du, daß jeder weiß, wie das ist?
Kürzel: Gdl (Uqu + UsV)

43. Es ist alles viel zu kompliziert.
Meta-Modell-Frage: Was genau ist viel zu kompliziert?
Kürzel: FBx (UsV + Uqu)

44. Alle haben es gesehen.
Meta-Modell-Frage: Haben es wirklich alle gesehen?
Kürzel: Uqu (Gdl)

45. Die Notwendigkeit des Handelns ist nun gekommen.
Meta-Modell-Frage: Ist es wirklich notwendig zu handeln?
Kürzel: N

46. Es ist nicht zu glauben.
Meta-Modell-Frage: Was genau ist nicht zu glauben?
Kürzel: Ti

47. Keiner beachtet mich.
Meta-Modell-Frage: Wer genau beachtet dich nicht?
Kürzel: FBx (Uqu)

48. Wenn er mich noch einmal verläßt, sterbe ich.
Meta-Modell-Frage: Wie macht er es, daß du stirbst, wenn er dich verläßt?
Kürzel: U & W

49. Du darfst auf keinen Fall zu spät kommen.
Meta-Modell-Frage: Was würde passieren, wenn ich zu spät komme?
Kürzel: MO

50. Das gehört einfach zu den guten Manieren.
Meta-Modell-Frage: Für wen gehört es zu den guten Manieren?
Kürzel: VP

51. Du weißt es sicher auch schon.
Meta-Modell-Frage: Woher genau weißt du, daß ...?
Kürzel: Gdl

52. Geld macht glücklich.
Meta-Modell-Frage: Wie kommt es, daß Geld glücklich macht?
Kürzel: U & W (VP + UsV)

53. Das muß ich für mich behalten, ich darf es dir nicht sagen.
Meta-Modell-Frage: Was würde passieren, wenn du es nicht für dich behalten würdest?
Kürzel: MO

54. Du machst mich unglücklich.
Meta-Modell-Frage: Wie mache ich es, daß du unglücklich bist?
Kürzel: U & W (UsV)

55. Du tust mir weh.
Meta-Modell-Frage: Wie genau tue ich dir weh?
Kürzel: UsV

56. Ein wenig mehr Anerkennung würde zur Veränderung meiner Haltung führen.
Meta-Modell-Frage: Wenn sie dich anerkennen würden ...?
Kürzel: N (U & W)

57. Es ist nicht zu glauben.
Meta-Modell-Frage: Was ist nicht zu glauben?
Kürzel: Ti (VP)

58. Jeder weiß, daß es unmöglich ist.
Meta-Modell-Frage: Wer genau weiß, daß es unmöglich ist?
Kürzel: FBx (Uqu)

59. Das kann keiner.
Meta-Modell-Frage: Wer genau kann was genau nicht?
Kürzel: FBx (VP)

60. Es geht nicht.
Meta-Modell-Frage: Was geht nicht?
Kürzel: Ti (VP)

61. Ohne TV kann man heute nicht mehr leben.
Meta-Modell-Frage: Für wen ist das so?
Kürzel: VP

62. Keiner will hier darauf verzichten.
Meta-Modell-Frage: Woher genau weißt du, daß hier keiner darauf verzichten will?
Kürzel: Gdl (Uqu)

63. Ich weiß was Ihr braucht.
Meta-Modell-Frage: Woher genau weißt du, was wir brauchen?
Kürzel: Gdl

64. Es ist eine Geschmacklosigkeit, zu Fisch Rotwein zu trinken.
Meta-Modell-Frage: Für wen ist das so?
Kürzel: VP

65. Da kann man gar nicht laut drüber reden.
Meta-Modell-Frage: Was würde passieren, wenn man ...?
Kürzel: MO

66. Es ist nicht zu glauben.
Meta-Modell-Frage: Was ist nicht zu glauben?
Kürzel: Ti (FBx)

67. Er weiß immer alles besser.
Meta-Modell-Frage: Was genau weiß er immer besser?
Kürzel: FBx (Uqu)

68. Es ist unmöglich.
Meta-Modell-Frage: Was ist unmöglich?
Kürzel: Ti (FBx)

69. Er hat mich berührt.
Meta-Modell-Frage: Wie genau hat er dich berührt?
Kürzel: UsV

70. Du darfst das nicht wissen.
Meta-Modell-Frage: Was würde passieren, wenn ich es wüßte?
Kürzel: MO (Ti)

71. Der andauernde Verlust der bürgerlichen Existenz ist die Folge des Verfahrens.
Meta-Modell-Frage: Würdest du die bürgerliche Existenz verlieren ...?
Kürzel: N

72. Das setzt etwas in Bewegung.
Meta-Modell-Frage: Wie genau setzt es etwas in Bewegung?
Kürzel: UsV (N)

73. Er ist der Schönste.
Meta-Modell-Frage: Unter welchen Menschen ist er der schönste?
Kürzel: Ti (FBx)

74. Es hilft nicht.
Meta-Modell-Frage: Was hilft nicht?
Kürzel: Ti (FBx)

75. Niemand würde so etwas jemals tun.
Meta-Modell-Frage: Wer genau würde so etwas niemals tun?
Kürzel: FBx (Uqu)

76. Keiner will das.
Meta-Modell-Frage: Will das wirklich absolut keiner?
Kürzel: Uqu (Ti)

77. Das Urteil nimmt Rücksicht auf die Schuldeinsicht des Täters.
Meta-Modell-Frage: Berücksichtigt das Urteil die Schuldeinsicht dessen, der es getan hat?
Kürzel: N

78. Es bleibt alles beim alten.
Meta-Modell-Frage: Was genau bleibt beim alten?
Kürzel: UsV (Ti)

79. Niemand kümmert sich um mich.
Meta-Modell-Frage: Überhaupt niemand kümmert sich um dich?
Kürzel: Uqu (Gdl)

80. Es ist unmöglich.
Meta-Modell-Frage: Was ist unmöglich?
Kürzel: Ti (MO)

81. Ich will nicht mehr.
Meta-Modell-Frage: Was willst du nicht mehr?
Kürzel: Ti

82. Jeder würde so handeln.
Meta-Modell-Frage: Würde absolut jeder so handeln?
Kürzel: Uqu

83. Ich muß es einfach immer wieder tun.
Meta-Modell-Frage: Was würde passieren, wenn du es nicht immer wieder tust?
Kürzel: MO

84. Es hilft nicht.
Meta-Modell-Frage: Was hilft nicht?
Kürzel: Ti (UsV)

85. Ich kann ihm keine Bitte abschlagen.
Meta-Modell-Frage: Was würde passieren, wenn du ihm eine Bitte abschlägst?
Kürzel: MO

86. Er ist immer so sorglos.
Meta-Modell-Frage: Woher genau weißt du, daß er immer so sorglos ist?
Kürzel: Gdl (Uqu + UsV)

87. Es ist gut.
Meta-Modell-Frage: Was ist gut ?
Kürzel: Ti

88. Ohne Zigarette werde ich nervös.
Meta-Modell-Frage: Wie kommt es, daß du ohne Zigarette nervös wirst?
Kürzel: U & W

89. Dieser Aufruf beinhaltet die Versicherung des guten Willens.
Meta-Modell-Frage: Was versichert es, daß er anruft?
Kürzel: N

90. Nie im Leben geht das gut.
Meta-Modell-Frage: Ist das noch niemals gut gegangen?
Kürzel: Uqu (MO)

91. Wir können nicht.
Meta-Modell-Frage: Was könnt ihr nicht?
Kürzel: Ti (MO)

92. Das kann jeder.
Meta-Modell-Frage: Was genau kann jeder?
Kürzel: FBx (MO)

93. Du machst mir Streß.
Meta-Modell-Frage: Wie kommt es, daß ich dir Streß mache?
Kürzel: U & W

94. Es schmerzt mich wenn du gehst.
Meta-Modell-Frage: Wie kommt, daß es dich schmerzt, wenn ich gehe?
Kürzel: U & W

95. Ohne dich wird alles sinnlos.
Meta-Modell-Frage: Wie kommt es, daß ohne mich alles sinnlos ist?
Kürzel: U & W

96. Er mag nicht.
Meta-Modell-Frage: Was mag er nicht?
Kürzel:Ti

97. Alle glauben, daß ich es getan habe.
Meta-Modell-Frage: Woher genau weißt du das?
Kürzel: Gdl (Uqu)

98. Du denkst immer nur an das Eine.
Meta-Modell-Frage: Woher genau weißt du das?
Kürzel: Gdl

99. Ich brauche es dir auch nicht mehr zu sagen.
Meta-Modell-Frage: Woher genau weißt du das?
Kürzel: Gdl (MO)

100. Das gehört heute einfach zur Lebensqualität.
Meta-Modell-Frage: Für wen ist das so?
Kürzel: VP (MO)

101. Da muß man unbedingt mitmachen.
Meta-Modell-Frage: Für wen ist das so?
Kürzel: VP (MO + Ti)

Mögliche Lösungen für Übung 22

Einige der Sätze des folgenden Textes enthalten Meta-Modell-Verletzungen; einige enthalten sogar mehr als eine Verletzung. Diagnostizieren und definieren Sie die Verletzungen mit Hilfe der Kürzel aus Übung 21, so wie am Beispiel des ersten Satzes demonstriert.

Lehrer (FBx) tun es.(FBx)

Tierärzte (FBx) tun es (FBx). Auch Therapeuten (FBx) und Makler (FBx) tun es (FBx).

Ein neues Kommunikations-System (N), das (FBx) unter dem komplizierten Namen Neurolinguistisches Programmieren läuft (UsV), ist der Zug, auf den viele (FBx) Leute, die mit anderen (FBx) Leuten zu tun haben, abfahren (UsV). Ihr (FBx) Schlachtruf: „Die Kommunikation (N) ist die Antwort (N)!"

[Es zählt nicht, was man (FBx) sagt, oder wie man (FBx) es sagt – sondern wie der andere (FBx) darauf reagiert.]

Ihre (FBx) Gurus: Richard Bandler und John Grinder, zwei Soziologen, die die Idee des Neurolinguistischen Programmierens Mitte der 70er Jahre begründeten (UsV). Ihre Erfindung basiert auf genauer Beobachtung (N) erfolgreicher Kommunikatoren (FBx). Sie stellten (UsV) fest, daß diese Menschen (FBx) nicht nur auf der verbalen Ebene kommunizierten (UsV). Da spricht (Ti) eine Menge (FBx) mehr als nur die Sprache (N). Bandler und Grinder haben ein System (UsV) aufgebaut, um den Leuten (FBx) diese fruchtbare Form (N) der Kommunikation (N) beizubringen.

Angenommen, Sie kommunizieren (UsV) etwas (FBx). Woher wissen Sie, daß die Antwort (N), die Sie bekommen, auch die (FBx) ist, die Sie beabsichtigen (UsV). Kurz: (FBx) das Neurolinguistische Programmieren (VP) benutzt (UsV) eine sehr komplexe (FBx) Körpersprache (N). Anwendern (FBx) wird beigebracht (UsV), Änderungen (N) der Hautfarbe, Erweiterung (N) der Pupillen, Aufblähung (N) der Nasenflügel, auch nur das kleinste (FBx) Anzeichen von Muskelspannung (N) oder leichte (FBx) Veränderungen (N) im Atemmuster zu beobachten.

Hört (UsV) sich das (FBx) schwierig an? Bandler und Grinder sagen, es (FBx) ist es nicht. Sie bestehen (UsV) darauf, daß der Lernprozeß (N), derartige kleine Veränderungen (N) wahrzunehmen, eine trainierbare Reaktion (N) ist und daß jeder (FBx), der sie richtig (UsV) anzuwenden im Stande (N) ist, ein außergewöhnlich guter Beobachter (N) wird.

Am besten, sagen sie, ist es (FBx), das Beobachten (N) bei den Augen anzufangen (UsV).

Fragen Sie jemanden (FBx), welche Farbe die Schuhe seiner (FBx) Kindergärtnerin hatten. Beobachten (UsV) Sie sorgfältig sein Gesicht. Die Augen werden eine schnelle Suchbewegung (N) zunächst nach oben, dann nach links (für Sie rechts) machen, (UsV) während er Zugang (N) zu einem erinnerten Bild (N) sucht.

Bitten Sie ihn (FBx) nun, sich an die Melodie von „blaue Augen" zu erinnern. Die Augen werden direkt nach links gehen (UsV), während er sich an die Klänge (N) erinnert. Wenn Sie nach einem konstruierten (FBx) Geräusch (N) fragen, einem, das er selber erzeugen (UsV) müßte, z. B. das Geräusch, das eine Spinne beim Laufen (N) macht (UsV) – werden die Augen nach rechts und dann wieder zurück gehen (UsV).

Eine Frage (N) nach einem Gefühl (N) (Wie fühlt sich Fell an?), einem Geruch (N) oder einem Geschmack (N) wird die Augen nach unten und nach rechts schicken (UsV). Und so weiter.

Was bedeuten (UsV) all (Uqu) diese Augenbewegungen (N)? Bandler und Grinder sagen, sie (FBx) sind nur ein Trick (N), ein Weg (N), die Aufmerksamkeit (N) der Leute auf ihre Erfahrungen (N) zu lenken (UsV), sie lernen (UsV) zu lassen Nuancen zu bemerken (UsV).

Aber nichts (Uqu) ist immer so, sagen (Ti) sie. Die üblichen Augenbewegungen (N) können bei Linkshändern (FBx), oder sogar auch bei einigen (FBx) Rechtshändern von links nach rechts vertauscht sein. Alle (Uqu) Verallgemeinerungen (N) sind Lügen (N), stellen (UsV) sie fest.

Lösungen für Übung 25

Ordnen Sie die folgenden aufgelisteten Reize, die bei einigen Leuten als Anker funktionieren, den richtigen Repräsentationssystemen zu.

Visuell	V
Auditiv	A
Kinästhetisch	K
Olfaktorisch/Gustatorisch	OG

	Repräsentationssystem
Winken	V
Husten	A
„STOP"-Zeichen	V
Geruch von Gebratenem	O
jemand runzelt die Stirn	V
Bohrgeräusch beim Zahnarzt	A
Gabel quietscht auf dem Teller	A
Essen auf dem Teller	V/O
Lächeln	V
Jucken	K
offenes Schuhband	V/K
Fabrik-Sirene	A
Zirarettenrauch	O
ein bestimmtes Parfüm	O
Tür knallt	A
Händeschütteln	K
Niesen	K
ein bestimmtes Musikstück	A
Mercedes-Stern	V
die Stimme des Vaters	A
Fingernagelkratzen auf der Tafel	A

Mögliche Lösungen für Übung 34

1. Definieren Sie:
   a) Kontext-Reframing – Verhalten bleibt. Es wird ein Kontext gesucht, in dem es nützlich ist.
   b) inhaltliches Reframing – Kontext oder Verhalten werden umgedeutet. Absicht und Verhalten werden getrennt. Die Absicht wird gewürdigt.
   c) Bedeutungs-Reframing – Kontext bleibt, das Verhalten wird umgedeutet.

2. In der Reframing-Technik geht man davon aus, daß alle Verhaltensweisen in einem bestimmten Kontext nützlich und angemessen sind.

   falsch ☐   richtig ☒

3. Der ausdrückliche Hinweis darauf, daß jedes Verhalten einen positiven Wert hat, kann eine negative Situation in eine Lern- oder Wachstums-Erfahrung verwandeln.

   falsch ☐   richtig ☒

4. In welchen Fällen ist ein Reframing nützlich?
   Wenn die Wahrnehmung einer Erfahrung durch eine negative Deutung eingeschränkt wird.

5. Woran erkennen Sie, ob ein Reframing funktioniert hat?
   Wenn der Klient die Umdeutung als gültige Repräsentation seiner Erfahrung akzeptiert.

6. Schreiben Sie die 6 Schritte des „Six-Step-Reframing" auf:
   1. Definition des Musters, das verändert werden soll.
   2. Aufnahme der Kommunikation zu dem Teil, der für das Muster verantwortlich ist.
   3. Trennung des Verhaltens von der positiven Absicht.
   4. Kreation von drei alternativen, positiven Verhaltensweisen.
   5. Frage an den verursachenden Teil, ob er die Verantwortung dafür übernimmt, die drei neuen Alternativen im entsprechenden Kontext zu benutzen.
   6. Öko-Check

Das Autoren-Team der DGNLP

Bereich Ausbildung und Training

Dr. Gerhard Fries

Wassermann des Jahres 50
Diplom-Psychologe, Promotion an der Fakultät für Theoretische Medizin der Universität Ulm, Ausbildung in Gesprächstherapie, Verhaltenstherapie, Transaktionsanalyse und Körperpsychotherapie. Psychologische Praxis im Allgäu. Leitender Psychologe einer Fachklinik für Abhängigkeitskranke (Alkohol und Medikamente). Hochschulassistent und Lehrbeauftragter der Universität Marburg.

Seit 1981 Ausbildung in NLP (bei Richard Bandler, Robert Dilts, John Grinder und Thies Stahl). Seit 1986 Ausbilder in NLP, 1990 Gründungsmitglied und geschäftsführender Gesellschafter der DGNLP, Communication & Coaching GmbH, Schloß Elbroich, Düsseldorf.

Lieblingsspruch: παντα ρει – Alles fließt

Lebensmotto: Dinge einfach, effizient und elegant machen – deshalb unter anderem NLP – und immer die eigenen Grenzen testen: „Da, wo es nicht funktioniert, liegen die größten Chancen weiterzukommen."

Als „Meister der übt", liebt er ganz besonders die folgende Prozeß-Anweisung: „Immer wenn du glaubst, etwas verstanden zu haben: Zerschlag es – nur so bleibst du frei."

Roland Gruber

Skorpion des Jahres 53
Lehre als Bankkaufmann bei der Bausparkasse Wüstenrot. Zweiter Bildungsweg, Fachhochschulreife und Studium der Sozialpädagogik. Abschluß als Dipl. Soz. Arb. Tätigkeit in der Suchtberatung und Therapie bei Release Stuttgart. Seit 1985 selbständige psychologische Praxis.

Seit 1986 NLP-Trainer: Aus- und Weiterbildung von Ärzten, Psychologen, Pädagogen, Kommunikationstrainings.

Zusatzqualifikation: Supervisionsausbildung, Ausbildung in Gestalt-therapie, Fortbildung in Transaktionsanalyse, System-Therapie, Hypnose. Gründungsmitglied und Gesellschafter der DGNLP

Dr. Jürgen Leistikow

Wassermann des Jahres 46
Als Sohn eines Kapitäns wächst er am, im und auf dem Wasser heran. Studium der Psychologie in Kiel. Während des Studiums ständiges Mitglied der Nationalmannschaft des Deutschen Seglerverbandes. Teilnahme an Deutschen-, Europa- und Weltmeisterschaften. Währenddessen Dissertation. Wichtigstes Ergebnis dieser Arbeit: „Die Sicherheit des Therapeuten ist das Hauptkriterium für den Therapie-Erfolg."

2 Jahre Bundestrainer im Segeln. Aufbau des „Instituts für Kinderpsychotherapie und Elterntraining", einer freien psychologischen Praxis mit Ausbildungs- und Forschungsaufgaben in Zusammenarbeit mit der Universität Kiel. Erweiterung der vorhandenen Kompetenz als Verhaltenstherapeut und Kinderpsychotherapeut durch Ausbildungen in Transaktionsanalyse, Gestalt-Therapie, systemischer Familientherapie, Hypnose und schließlich NLP.

Seit 1986 tätig als Trainer und Ausbilder der DGNLP. 1990 Ausweitung der Arbeit in den Businessbereich hinein.

Neben der eigenen „Dr. Jürgen Leistikow ABC GmbH" (A = Ausbildung, B=Beratung, C=Coaching) Gesellschafter der DGNLP und Partner der Winner's Edge GmbH.

Bereich Business

Dr. Dietrich Buchner

Management-Berater, geschäftsführender Gesellschafter der DGNLP, Communication & Coaching GmbH, und der Winner's Edge – Gesellschaft für Führungs-, Strategie- und Verkaufscoaching mbH, beide Düsseldorf; langjährige Erfahrung in Führungs- und Strategieberatung im In- und Ausland (zwei Jahre Kalifornien, ein Jahr Japan u. a.), NLP-Ausbildung bei R. Bandler und R. Dilts.

Wolf W. Lasko

Sternzeichen Zwilling mit den damit verbundenen Konsequenzen. Doppelstudium: Technik (Dipl.-Ing.) und Wirtschaft (Dipl.-Kfm.) Drei Frauen, davon eine Neufundländerin. Hält sich fit und präsent durch Yoga und ländliches Leben im Grünen.

Langjährige Beratungspraxis in multinationaler Werbeagentur, internationale Verkaufsberatung und Kreativitätstrainings.

Heute: Gesellschafter der DGNLP und der Winners Edge – Gesellschaft für Führungs-, Strategie- und Verkaufscoaching mbH, Düsseldorf; Management-Berater, langjährige Erfahrung in Führungs- und Verkaufscoaching, Intensiv-Ausbildung im Management-Coaching.

Literatur

Bandler, R., Grinder, J.: *Neue Wege der Kurzzeit-Therapie.* Junfermann Verlag, Paderborn, 10. Aufl. 1992

Bandler, R., Grinder, J.: *Reframing.* Junfermann Verlag, Paderborn, 5. Aufl. 1992

Cameron-Bandler, L.: *Wieder zusammenfinden.* Junfermann Verlag, Paderborn, 6. Aufl. 1992

Capra, F.: *Der kosmische Reigen.* Scherz Verlag, München 1977

Farrelly, F., Brandsma, J.M.: *Provokative Therapie.* Springer Verlag, Berlin, Heidelberg 1986

Gordon, D.: *Therapeutische Metaphern.* Junfermann Verlag, Paderborn, 4. Aufl. 1991

Marvell-Mell, L.: *Basic Techniques, an NLP Workbook.* Metamorphous Press, Portland 1987

Ornstein, R.: *Multimind.* Junfermann Verlag, Paderborn, 3. Aufl. 1992

Rosen, S.: *Die Lehrgeschichten von Milton H. Erickson.* ISKO Press, Hamburg, 2. Aufl. 1990

Stahl, Th.: *Triffst du nen Frosch unterwegs...* Junfermann Verlag, Paderborn, 4. Aufl. 1991

Watts, A.: *Meditation. Die Natur des Menschen. Philosophische Phantasien.* Sphinx Verlag, Basel 1976

DGNLP/Communication & Coaching GmbH
Deutsche Gesellschaft für Neurolinguistisches Programmieren

NLP-Ausbildung

NLP-Basiskurse
NLP-Praktikerkurse (Zertifikat)
NLP-Masterkurse (Zertifikat)
NLP-Trainerkurse (Zertifikat)

DGNLP-Partner vereinigen die Erfahrung von über 300 NLP-
Ausbildungs- und über 200 NLP-Business-Seminaren

Haus Elbroich · Am Falder 4
4000 DÜSSELDORF 13
Tel. 02 11/7 57 07 57 · Fax 02 11/75 32 15

JUNFERMANN

NLP – die Kunst, die jeder (lernen) kann ...

Genie Z. Laborde

KOMPETENZ
U N D INTEGRITÄT

DIE KOMMUNIKATIONSKUNST DES
NLP

JUNFERMANN

283 Seiten, kart.
DM 49,80
ISBN 3-87387-032-0

Genie Laborde hat in der langjährigen Zusammenarbeit mit John Grinder – dem Mitbegründer des NLP – reiche Erfahrung in der Anwendung des Neurolinguistischen Programmierens (NLP) gesammelt. Es gelang in den zurückliegenden Jahren insbesondere Genie Laborde, NLP als moderne und überaus effektive Kommunikationskunst und -technologie in breiten Kreisen des Managements sowie im Alltag zu etablieren. Diese langjährige Erfahrung wird im vorliegenden Buch auf spannende Weise deutlich. In dem durch zahlreiche Illustrationen

der Autorin aufgelockerten und gut lesbaren Buch zeigt Genie Laborde, wie die hochwirksamen Veränderungstechniken des NLP aus dem Bereich der Psychotherapie in die vielen Anwendungsbereiche des Managements und der Arbeitswelt hinein übertragbar sind.

„Dr. Laborde gehört ohne Zweifel zu den geschicktesten, klarsten und erfolgreichsten Vermittlern des NLP." – *John Grinder*

Die Autorin: Genie Z. Laborde ist eine weit über die Grenzen der USA hinaus bekannte und erfolgreiche NLP-Trainerin im Bereich der Wirtschaft und Organisationen. Zu ihrer Klientel zählen u.a. IBM, Coca Cola, ITT, Chase Manhattan Bank, American Express, UNO, Hitachi, Hoffman LaRoche, McDonnell Douglas.

JUNFERMANN VERLAG • **Postfach 1840**
4790 Paderborn • **Telefon 0 52 51/3 40 34**